오디오북과
보이스액팅

공감각적 보이스 액팅을 위한 실전 종합 훈련

오디오북과 보이스 액팅

조예신 지음

글라이더

머리말

    오늘날 오디오북은 디지털 형태의 청서(聽書)로 발전하면서 남녀
노소 누구나 시공간을 넘어 다양하게 경험할 수 있는 문화 콘텐츠
로 그 범위가 확장되고 있다. 특히 오디오북은 작가와 독자를 직접
연결하는 독서구조에서 낭독자를 매개로 하는 청각적 소통 구조로
변화하였다. 즉 독자가 텍스트를 시각적으로 수용하는 방식과 달리
내용을 청각적으로 수용하는 방식으로 전환된 것이다.

    이에 청자(聽者)는 오디오북 서비스를 통해 다양한 만족을 경험
하면서 장르별로 더욱 차별화된 콘텐츠를 접하고 있다. 이 과정에
서 정적(靜的)인 오디오북 텍스트를 동적(動的)으로 형상화시키기 위
한 낭독자의 음성 훈련 즉 보이스 액팅(Voice Acting)훈련이 요구된
다. 따라서 본 저서에서는 공감각적 보이스 구성요인을 살펴보고

AHP(Analytic Hierarchy Process) 분석에서 도출된 각 항목의 우선순위를 토대로 모집단의 실증적 훈련을 통해 공감각적 보이스 액팅(Voice Acting) 기본 훈련으로 영감인지(靈感認知), 공감각적 음성화, 감정표현, 유사언어 활용 훈련을 구성하였고 이를 활용한 공감각적 보이스 액팅 12단계 종합 훈련 방안을 제안하였다. 또한 공감각적 보이스 액팅(Voice Acting) 훈련 검증을 위해 프랏(Praat) 음성 프로그램 분석과 보이스 액팅 훈련 전후의 뇌파(Electroencephalogram, EEG) 측정 결과를 제시하여 본 훈련 방안에 대한 효율성과 적합성을 검증하였다.

이에 따라 본 저서의 공감각적 보이스 액팅 12단계 종합 훈련은 형상화 3단계 훈련을 바탕으로 음성과 신체 동작을 결합한 '연기하듯 낭독하는' 입체적이고 효과적인 훈련 방안이 될 것이다. 또한 오디오북 관련 음성 전문가와 음성에 관심 있는 모든 분들에게 체계적인 훈련을 위한 이론과 실습서가 되길 희망한다.

2021년 6월

조예신

차례

1장

오디오북과
텍스트 형상화

01
오디오북에 대한 이해

청서(聽書) 시대

오디오북은 과학 기술의 발달로 시대의 변화에 부합하는 새로운 독서방식인 청서(聽書)로 변화되었으며, 시(時)공간을 넘어 소비되는 문화산업으로 자리매김하였다. 여기서 문화산업은 경제적 가치 개념의 상품 중심 활동으로 창조성을 갖춘 지식재산권과 이를 결합시킨 상징적인 문화상품 서비스로 그 정의가 확대되고 있다. 오늘날 오디오북은 여러 분야에서 낭독자의 음성을 통해 활발히 제작되고 있으며, 청자의 상황과 조건에 부합하면서 다양하게 발전되고 있다.

오디오북의 발전

오디오북은 녹음 작업을 통해 음성으로 만들어진 다양한 형태의 듣는 책이라고 할 수 있으며, 디지털 저작권 형태로 제공되는 새로운 독서 출판물이다. 또한 오디오북은 이미 출판되어 있는 문자 저작물이나 청각적 유통을 목적으로 만들어진 저작물을 디지털 파일 형태로 변형시킨 음성 콘텐츠라고 할 수 있는데 이 과정에서 음성 이외에 배경 음악과 효과음 등을 삽입하기도 한다. 처음 오디오북은 영미문화권에서 시각장애인을 위한 말하기 책(talking book)으로 발간되었는데 점차적으로 독서할 시간과 공간이 부족한 직장인들이 출퇴근 시간에 들을 수 있는 녹음된 책(recorded books)으로 발전하였다.

오디오북은 소리로만 전달되는 특성을 갖고 있는데, 이는 전파로서 소리를 전달하며 청각에 의존하는 라디오의 특성과 유사하다고 할 수 있다.

앤드류 크리셀(Andrew Crisell)은 라디오 소설 또는 드라마로 이용되었던 극본들이 라디오에서 낭독되기 시작했던 이유를 다음과 같이 설명한다.

"라디오는 청각만으로 등장 인물들의 생각 또는 감정, 표정, 외양, 상황들까지 청취자로 하여금 상상력을 불러일으키게 한다. 더욱이 라디오는 듣는 순간 동시에 그림이 그려지는 '현재형' 청각 매체이기 때문에 시각에 의존하고 있는 서사보다도 더 큰 생동감을 보여준다."

라디오 드라마의 경우 초기에는 기존 창작 또는 상연했던 연극의 각본들을 낭독했는데 이는 기존의 무대극 또는 희곡을 라디오라는 매체를 통해 전달하는 형태였다. 오늘날 오디오북이 발전함에 따라 라디오 소설이나 라디오 드라마 등 기존 텍스트를 흡수하여 오디오 드라마, 오디오 시네마를 각색한 형태로 다양하게 발전하고 있다. 따라서 초기 라디오 드라마 형태로 존재해 오던 오디오북이 점차적으로 대중들이 소비 가능한 디지털 콘텐츠로 변화하게 되었고 오디오북 관련 콘텐츠는 새로운 독서 패러다임 중 하나의 형태로 발전해 나가고 있다.

오디오북은 시대의 변화에 맞게 소설, 논픽션, 자기계발, 에세이, 어린이도서, 판타지, 실용서적, 전공서적, 웹 소설 등의 다양한 분야에서 제작되고 있으며 팟 캐스트, 유튜브 등을 통한 1인 크리에이터 방송을 통해서도 그 영역이 확대되고 있다.

오디오북의 특성

오디오북은 온라인상에서 시간과 장소에 관계없이 청취 또는 구입이 용이하다. 종이책은 여러 권을 한 번에 휴대하기 어렵지만, 오디오북은 전자기기를 이용해 사용자가 원하는 만큼 저장할 수 있으며 종이책과는 달리 온라인에서 직접 구매하여 청취할 수 있다. 따라서 오디오북은 다양한 디지털 콘텐츠로 제작되면서 독서 대체

수단으로 이용되었고 시공간에 관계없이 독서 활동을 능동적으로 할 수 있게 되어 현대인들의 다양한 환경 변화에 부합하는 형태로 발전하였다. 종이책이나 전자책(e-book)의 경우는 시각에 큰 영향을 받으므로 아직 글을 배우지 못한 영유아 또는 시각적인 불편함을 갖고 있는 사람의 경우 독서 활동에 어려움이 있는 반면, 오디오북은 시각적 불편함과 장애가 있다 할지라도 독서 활동이 가능한 특성이 있다. 또한 청자가 운동이나 운전, 가사활동 등을 하면서 동시에 청취할 수 있는 멀티 태스킹이 가능하다. 그리고 종이책은 시간 경과에 따라 원본이 파손되거나 종이가 변색되는 가능성이 있는 반면 오디오북은 영구적인 원형 보존 및 유지가 가능하다. 마지막으로 오디오북은 효과음, 배경음 등 다양한 음향효과로 청자의 몰입과 흥미, 호기심 등을 유발시킬 수 있다.

오디오북 낭독자의 역할

SNS 발달로 디지털 미디어의 반복성과 접근성이 용이해짐에 따라 오디오북 콘텐츠 수요가 늘어나면서 오디오북 낭독자의 역할도 주목받게 되었다. 그 이유는 오디오북 낭독자가 텍스트의 내용과 성격, 감정 등을 청자에게 입체적으로 전달해 주며 듣는 즐거움을 함께 제공하고 텍스트에 포함된 시간과 장소 및 상황, 배경과 갈등 구조 등을 음성으로 표현해 주기 때문이다.

이를 위해 낭독자는 텍스트와 만나는 지점에서 낭독을 해야 하는데 오디오북 작가에 대해 이해하고 텍스트의 시대적 배경과 내용을 파악하며 낭독하는 매 순간마다 왜 이 말을 하며 누구에게 낭독하고 있는가에 대한 설정이 명확해야 한다. 육하원칙에 따라 상황과 대상이 구체적으로 정해지면 낭독자 본인이 느끼는 감정은 더욱 생생하게 음성을 통해 형상화될 수 있다. 이는 낭독자의 음성이 정형화된 텍스트만의 전달이 아니라 상상, 직·간접적 경험, 정서 등을 내포하여 발화한다는 의미로 낭독자는 자신과 나아가 청자에게 공감과 위로를 전하는 역할을 한다.

02
오디오북 텍스트
형상화에 대한 이해

오디오북 텍스트 형상화

형상화의 개념은 현상(現像)의 소재가 형상적(形象的) 사유에 의해 새로운 창조 세계에 이른다는 의미이며 '형체로는 분명히 나타나 있지 않는 것을 구체적이고 명확하게 나타냄'으로 정의된다. 텍스트 형상화는 낭독을 매개로 청자의 동적이고 적극적인 해석을 돕고 청자들이 시간과 공간에 관계없이 다양한 환경에서 텍스트의 수용이 가능해 다중 작업(멀티태스킹)이 용이하다. 이처럼 청자의 마음속에서 새롭게 창조된 텍스트 형상화는 낭독자의 음성을 통해 청자의 경험과 기억, 회상 등과 마주하게 된다.

오디오북 텍스트가 시각적으로 전환되는 과정에서 소리 단어는 이미지와 결합되어 청각적 수용으로 기억을 변환시킨다. 이때 소리는 모든 감각기관에서 이미지로 기억되는 과정을 거치며 동시에 재형상화 되는데 인간 내부의 물리적 움직임이 소리 형태로 구현되는 것이다. 또한 소리가 음성화되는 과정에서 음성이 공기 중으로 흩어져 주고받는 순간을 놓치게 되면 그 소리를 다시 불러 올 수 없기 때문에 말은 다 듣고 이해하는 것이 아니라 듣는 동시에 이해하며 경험을 떠올리고 이미지를 불러오게 된다.

문자와 말소리의 상호 작용에 관한 논의는 오래전부터 지속되어 왔다. 언어학자 소쉬르는 문자는 말소리와 비교하여 상이한 기호 체계로서 말을 서술하기 위해 존재한다고 하였다. 하나의 낱말은 기표와 기의라는 분리 불가능한 두 부분이 동전의 양면처럼 합쳐진 언어적 기호라는 것이다.

기표는 소리 이미지이고 기의는 기표가 가리키는 개념이다. 기표, 곧 언어의 소리 이미지는 하나의 개념과 연관되어야만 비로소 하나의 낱말이 된다.

그러므로 오디오북 텍스트가 형상화되는 과정은 텍스트를 읽는 순간마다 동적(動的)인 장면과 이미지, 영감(靈感)을 불러일으켜 공감각적(共感覺的) 음성을 만드는 과정이다. 그러므로 낭독자의 입체적인 음성은 청자에게 텍스트를 형상화 시켜 오디오북에 대한 공감과 만족을 준다.

'보이는 목소리'

오디오북을 귀로 듣는 청자(廳者)는 텍스트의 내용과 상황 그리고 작가의 의도를 낭독 과정을 통해 경험하고자 한다. 기존에 제시된 형상화의 개념이 글을 쓰는 작가와 읽는 독자가 만나는 지점, 즉 텍스트의 쓰기와 읽기의 결합으로 형성되었다면, 오디오북 텍스트 형상화는 낭독자의 음성을 매개로 청자가 오디오북 텍스트를 능동적이고 적극적으로 이해하고 상상하도록 돕는다. 오디오북 음성은 청자에게 정보와 감동, 듣는 즐거움 등을 제공하고 간접적인 경험과 정서를 전달하며 텍스트에 내포된 상황과 인물의 특성 등을 형상화시킨다. 따라서 보이는 목소리란 낭독자의 음성을 통해 정적인 텍스트가 시각화되어 형상화된 음성을 의미한다.

오디오북 텍스트 형상화 요인

① 낭독자의 공감각적 음성

오디오북 텍스트 형상화를 위해 낭독자는 영감(靈感)을 통해 기존 텍스트의 이미지를 새롭게 창출해야 한다. 즉 낭독자의 음성에 이미지가 결합된 상태로 청자에게 전달되는 과정에서 영감(靈感)이 결합하면서 새로운 의미를 창출한다. 오디오북은 낭독자의 음성으로 텍스트에 나오는 인물의 성격, 상황, 사건 발생 등을 유추하도록 한다. 따라서 정적인 텍스트를 동적(動的)으로 형상화 시키기 위해서 낭독자의 음성은 매우 중요한데 오디오북 텍스트가 갖고 있는 내용과 상황 등을 음성 이미지로 형상화 시키는 과정에서 모든 장면들을 구체화 시킬 수 있는 공감각적 음성이 필요하다.

② 청자(廳者)의 수용성

청자에게 전달되는 텍스트 형상화 과정은 낭독자의 음성을 들으며 과거 자신의 경험을 떠올리고 그 경험을 텍스트와 마주하며 재형상화 시킨다. 결국 오디오북 텍스트 형상화는 다양한 대내외적인 요인에 따라 영향을 받지만 낭독자의 공감각적인 음성을 받아들이는 청자의 수용성에 따라 상이한 결과를 가져와서 오디오북 텍스트 형상화는 낭독자의 음성이 청자에게 효과적으로 수용될 때 의미가 있다고 할 수 있다.

③ 낭독자의 서술 시점

낭독자는 오디오북 텍스트를 이끌어가며 청자에게 스토리를 전달한다. 작가는 서술의 시점을 통해 스토리를 구성하고 있는 인물, 사건, 배경, 행위 등을 독자에게 서술하고 낭독자는 작가가 의도하는 바를 해석하여 가장 적절한 음성과 자연스러운 감정으로 낭독한다.

일반적으로 소설은 1인칭 시점 혹은 3인칭 시점이 주로 사용되고, 이 밖에 이중 시점이거나 다양한 확장 기법이 사용되기도 한다.

1인칭 시점 작품일 경우 1인칭 주인공 시점과 1인칭 관찰자 시점으로 분류한다. 1인칭 주인공 시점은 작품의 주인공인 '나' 자신의 이야기를 서술하는 것으로 나의 마음과 사건, 갈등 등의 전개를 직접 말하는 것이므로 텍스트에 맞도록 진솔하게 낭독하는 것이 좋다.이에 반해 1인칭 관찰자 시점은 낭독자인 '나'가 주인공이나 그 외의 인물들을 관찰하며 서술하므로 1인칭 주인공 시점보다는 객관적인 낭독을 하는 것이 좋다. 이때 낭독자는 전체 이야기를 서술하듯 내레이션으로 이끌어 가기도 하고 작품에 따라 감정을 달리하며 대화에 참여하기도 한다. 낭독자 혼자 전체를 이끌어 갈 경우 내레이션과 대화체와는 구분되게 낭독해야 하는데 대화체에서는 연기적 요소가 실감나게 들어가게 하고 내레이션은 상황에 맞는 음성으로 몰입하여 낭독한다.

3인칭 시점은 전지적 시점과 관찰자 시점에 따라 낭독자가 작품의 분위기, 상황과 문맥에 따라 다르게 낭독한다. 3인칭 전지적 작가 시점일 경우 모든 등장인물의 심리를 분석적으로 서술하고 사건을 구체적으로 낭독할 수 있는데, 예를 들어 범죄 스릴러 분야는 낭독자의 음성을 긴장감 있게 표현하고 로맨스 코미디는 밝고 경쾌하게 낭독한다. 대체로 3인칭 시점은 1인칭 시점보다는 중립적인 목소리 톤으로 표현하는 것이 좋다. 이와 같이 오디오북 텍스트가 청자에게 입체적으로 전달되기 위해서는 시점에 따른 공감각적 보이스 액팅(Voice Acting) 훈련이 요구된다.

오디오북 텍스트 형상화 특성

오디오북 텍스트 형상화를 위해서는 다음과 같은 특성을 고려해야 한다.

첫째, 오디오북 텍스트 형상화는 낭독자(話者)의 공감각적 음성이 청자(聽者)가 느끼는 감성과 만나는 지점에서 형성된다. 따라서 낭독자에 의해 문자 언어가 음성화 되면서 청자들이 개별적으로 수용하게 되는데 이 과정에서 낭독자의 개인적 음성 특성이 청자의 감성을 자극하여 텍스트 형상화에 영향을 준다.

우리는 일상생활에서 감각적인 뒤섞임, 즉 공감각적인 경험을 한다. '푸르른 냄새', '부드러운 속삭임', '따뜻한 웃음' 같이 감각의 상호작용인 공감각적 표현은 문학에서 뿐만 아니라 일상에서도 많이 사용된다. 따라서 오디오북 텍스트의 형상화는 텍스트와 낭독자(話者)의 공감각적 정서가 녹아든 음성이 만나고 이러한 낭독자의 음성과 청자(聽者)의 만남으로 이루어진다. 이는 낭독자나 청자 모두 음성 언어로 재소환되어 의미가 부여된 단계로 이때 비로소 오디오북 텍스트 형상화가 완성된다.

둘째, 오디오북 텍스트 형상화는 청자(聽者)의 수용성을 높이기 위해 비유적 표현인 메타포를 사용한다. 메타포(metaphor)는 '은유'라고도 하며 사물의 본뜻을 숨기고 보조 관념을 간단하게 제시하며 '그대의 눈은 샛별이다'와 같은 비유적 표현을 사용하는데 이를 통해 청자들의 직관적인 이해를 돕는다. 메타포(metaphor)를 통해 서로 닮지 않은 것 사이에 동일성을 만들어 내며 두 가지 개념 사이에 완전히 새로운 개념의 표현을 창조한다. 오디오북은 청자(聽者)가 일반 텍스트와는 다르게 청각을 이용하여 텍스트의 내용을 이해하기 때문에 오디오북 텍스트는 청각적 제한을 극복하기 위해 상징적 시각화인 메타포(metaphor)를 활용하며 자유롭게 수용하는 특성이 있다.

이처럼 낭독자의 음성을 통해 청자의 마음속에 새롭게 창조된 텍스트 형상화는 청자 자신의 경험 및 회상과 마주하게 되는데 청자의 수용성은 개인의 감성에 따라 수용 정도가 다르다. 더욱이 오디오북은 다중작업(멀티태스킹)이 용이하여 청자들이 시간과 공간을 초월하여 다양한 환경에서 텍스트가 수용될 수 있는 청자(聽者)의 수용성을 고려해야 한다.

셋째, 오디오북 텍스트 형상화는 본래의 텍스트가 포함하고 있는 의미의 변용이 발생할 수 있으므로 청자는 이를 선택적으로 수용할 수 있다. 이는 원래의 텍스트를 변경하거나 확대, 축약 혹은 삭제 등으로 변용함을 의미하는데 이때 원 텍스트의 서술적인 내용을 오디오북에서는 대화로도 각색할 수 있어 다양한 방법으로 텍스트를 경험할 수 있다. 그러므로 청자는 다양성 있는 오디오북을 하나의 독립적인 매체로 인식하고 취향에 따라 선택할 수 있는 특성이 있다.

1장. 오디오북과 텍스트 형상화

2장

공감각적 보이스와 구성 요인

01
공감각적 보이스에
대한 이해

공감각적 보이스란 내적 충동에 의해 인간의 오감(五感)을 입체적 음성으로 발화하여 형상화 시키는 목소리이며, 하나의 감각기관이 또 다른 영역의 감각을 불러일으키는 음성을 의미한다.

공감각(共感覺)의 어원

인간이 느끼는 오감(五感)은 신경세포의 전기적 신호 변화와 생화학적 신호 물질의 변화이다. 이러한 인간의 오감 중에서 두 개 이상의 감각기관이 동시에 유발되는 상태를 공감각(共感覺, synesthesia)이라고 하며, 공감각의 어원은 '함께(together)'라는 뜻의 'syn'과 '감각(sensation)'을 뜻하는 'esthesis'의 합성어로 '감각을 함께 느낀다'라는 의미이다. 또한 단어 발생적 관점에서 'union'과 'no sensation'

의 의미가 결합되어 '하나의 감각이 다른 영역의 감각을 일으켜 만들어진 감각'이라고도 한다.

시각은 눈의 망막, 청각은 귀의 달팽이관, 후각은 코의 비점막, 미각은 혀의 미뢰, 촉각은 피부의 감각기관을 통해 뇌로 전달되고, 뇌에서 오감을 느끼게 되는데 보통의 경우 시각, 청각, 미각, 후각, 촉각의 감각과 그 원인이 되는 자극은 일대일로 대응하지만, 동시에 혼합된 감각으로 표현되는 공감각은 한 자극에 두 가지 이상의 감각을 느끼는 것이다. 이는 신체 감각계통에 어떠한 자극이 주어질 때 그 감각에 직접 연결된 감정반응과 복합되어 일어나는 반응이다. 일반적으로 인간의 감각체계는 외부로부터 자극이 가해지면 직접적으로 관계있는 감각계통의 반응 이외에 타 감각계통에도 함께 전달되어 반응하는 공감각을 일으킨다.

공감각(共感覺)의 개념

공감각에 관한 논의는 18세기 프랑스 관념학파 철학자 콩디야크(Etienne B. de Condillac)로부터 시작되었다. 그의 말에 따르면 촉각은 운동과 결합하여 사물에 대한 관념이 생기며 손은 호기심의 자극을 받아 몸을 움직이도록 유도하고 어떤 대상과 접촉할 때 자신과 대상의 형태를 결정한다고 하였다. 독일 철학자 후설(Husserl, Edmun)은 콩디야크의 감각론을 발전시켜 공감각의 개념을 '지각의 종합' 혹은 '키네스테제(kinesthese)'라는 말로 통합 감각을 설명했다.

마샬 맥루언(Marshall McLuhan)은 인간의 '공통 감각'을 통해 매체와 인간의 지각 방식 변화에 주목하였다. 그는 매체가 갖는 감각 기관의 성격에 따라 지각 방식이 결정되며 시각, 청각, 후각과 같은 오감의 감각 전체가 상호 의존적으로 하나의 체계를 구성하여 상호 작용을 하는 공감각을 촉각성(tactility)으로 정의하였다.

〈공감각적 개념〉

공감각에 대한 연구들은 유럽, 오세아니아, 미국 등의 영어 사용 국가를 중심으로 이루어졌다. 인지과학적인 측면의 실재 공감각에 대한 개념은 아이작 뉴턴(Isaac Newton)의 색청(色聽)연구에서 처음으로 이루어졌으며 고대 그리스 철학자들로부터 색과 음악을 결합한 연구에 기초를 두고 있다. 최근 학자들은 공감각을 일으키는 뇌의 작용에 대한 연구를 발표했는데, 현재 가장 유력한 학설은 라마

찬드란(Ramachandran)의 감각경로 분화로 '공감각 유전자'가 특정한 뇌의 부위에서 발현될 시에 일정 형태의 공감각이 발생한다는 설이다. 즉 뇌의 신경섬유가 하나로 연결되어야 하는 것이 정상이지만 감각 영역이 하나 이상 동시에 연결되어 공감각적인 경험을 한다는 것이다. 이러한 공감각 현상은 인종 및 국적과 관계없이 나타나는 현상으로 공감각에 대한 학문적 정의는 학자에 따라 다양하게 정의된다.

〈공감각 개념에 대한 학문적 정의〉

연구자	공감각 개념
Etienne B. de Condillac(1754)	공감각은 여러 감각이 통합되는 것으로 피부감각과 근육 감각을 포함하는 운동 감각으로 이루어진다.
Ulmann(1966)	단어의 소리를 접촉함으로써 또 다른 하나의 감각으로 옮겨져 전송되는 현상이다.
Stern(1975)	감각영역에 다양한 요소들을 연결시키는 결합이다.
Cytowic(1992)	공감각은 감각의 혼합이다.
한글학회(1992)	하나의 감각이 다른 영역의 감각을 불러일으킨다.
Heer(2000)	하나의 감각자극이 하나 이상의 여러 감각을 유발시켜 감각적 교차를 경험하게 하는 것이다.
Marshall McLuhan(2002)	감각 전체가 상호의존 관계를 갖고 하나의 체계를 구성하고 있으며 이 상호작용인 공감각을 '촉각성'으로 보았다.
Edward M. Hubbard, V.S Ranachandran(2005)	공감각은 감각의 원인이며 예외적 경험의 자극, 비자극 양상 조건이다.

2장. 공감각적 보이스와 구성 요인

공감각(共感覺)의 일반적 특징

공감각(共感覺)의 일반적 특징을 살펴보면 다음과 같다.

첫째, 공감각(共感覺)은 무의식적인 현상으로 비이성적이다. 예를 들어 '도'라는 음계에 대해 앞으로 보라색으로 봐야겠다고 인지하지만 그것을 처음 보았던 색깔이 빨간색이라면 빨간색으로 보여 진다는 것이다.

둘째, 공감각(共感覺)은 느낌을 통해 이루어진다. 일반적으로 사람의 기억은 두 개 이상의 감각기관으로 느껴진 것이 하나의 감각기관보다 강하다. 어떤 현상을 공감각으로 인지했다면 감각이 전이된 이미지만 기억에 저장되는데 이후에 동일한 감각의 자극을 경험한다면 기억이 빠르고 생생하게 나타난다.

셋째, 공감각(共感覺)은 불연속적이다. 같은 현상을 개인적으로 경험하는 공감각은 상이하다. 예를 들어 A가 숫자 8을 빨간색으로 보았더라도 B는 파란색으로 볼 수 있으며 같은 공감각의 경우에도 동일한 반응이 나타나지 않을 수 있다.

넷째, 공감각(共感覺)은 감성적이다. 공감각자들이 경험했던 현상을 인지하는 것은 이성적이기 보다는 감성적인 믿음이라고 할 수 있다.

공감각적 보이스 특성

공감적적 보이스는 자아를 확장한 개념으로 인간의 오감은 어떤 하나의 감각에 치우치는 것이 아니라 모두 균형을 유지하고자 하는 합리성(rationality)을 갖고 있다. 합리성은 비율을 의미하는 라틴어 어원인 'ratio'인데, 합리적인 인식은 사람이 느끼고 경험하는 오감을 합리적 비율로 균형을 이루고자 하는 태도이다. 이는 인간이 합리적 인식을 위해 오감이 상호 공존 가능한 합리적인 비율로 구성되는 것을 의미한다. 즉 오감은 집합적인 상호 작용이 요구된다고 할 수 있으며, 인간이 감각의 균형을 이루고자 하는 것은 자신이 가장 적합하다고 인식되는 현상을 만들기 위해서이다. 오디오북 낭독을 위한 공감각적 보이스는 인간의 감각 균형에 대해 오감을 확장시켜 청자에게 가장 합리적인 인식을 전달하고자 한다. 다시 말해 오감의 균형을 인지하고 변화시키면서 전달하고자 하는 텍스트를 공감각적 보이스로 표현한다.

또한 오디오북 텍스트 형상화를 위한 공감각적인 보이스는 청각적 인식에 기초하고 있다. 즉 오디오북에서 낭독자와 청자의 공동 인식은 실존적이고 전체적인 것에 기초하고 있으며, 이러한 청각은 시각보다 복합적이고 다원적인 감각으로 청각적 소리는 시각적인 문자보다 더 실존적(existential)감각이라고 볼 수 있다. 따라서 텍스트가 소리로 전달될 때에는 주어진 상황과 결합된 '현재'의 경험으로 지금 일어나고 있는 것처럼 느껴진다.

02
공감각적 보이스
구성 요인

낭독자의 공감각적 보이스는 호흡, 발성, 공명, 발음 등과 유기적으로 연결되어 있으며 효과적인 공감각적 보이스 창출을 위해서는 신체 근육의 움직임을 비롯한 음성 기관의 체계적인 훈련이 필요하다. 그러므로 오디오북 텍스트에 내재되어 있는 의도와 목적, 상황이 낭독자의 음성을 통해 입체적으로 전달되려면 다음과 같은 공감각적 보이스 구성 요인이 고려되어야 한다.

1) 호흡

호흡(呼吸)은 뇌의 호흡중추에 의해 조절되며 자동적으로 이루어지는 신체과정이다.

물이 높은 곳에서 낮은 곳으로 흐르듯, 공기도 압력이 높은 곳에서 낮은 쪽으로 흐르는데 이에 따라 숨을 들이 마시려면 폐내압 (intrapulmonary pressure)을 대기압보다 낮게 해야 하고, 숨을 내쉬려면 폐내압을 대기압보다 높게 해야 한다.

공감각적 보이스에서도 호흡은 매우 중요하다. 호흡하는 방식이 신체를 사용하는 방식이고, 곧 소리를 내는 방식이기 때문이다.

척 존스는 "호흡은 인물과 감정을 연결시켜 주며 목소리는 그 감정을 전달하는 것이다"라고 말하며 호흡과 감정의 연관성에 대해 강조했다. RSC(Royal Shakespear Company)의 보이스 담당자인 시실리 베리도 "감정은 호흡을 통해 표현된다."라고 했으며 리사 로마는 호흡에 의해서 에너지가 생성되고 긴장과 이완의 문제를 조절할 수 있는 능력이 생긴다고 말했다.

오디오북 낭독자에게 감정과 호흡의 연결은 매우 중요한데 청자에게 텍스트의 의미를 형상화시키기 위해서는 낭독자 자신이 텍스트와 호흡하는 감정호흡이 필요하다. 즉 낭독자가 호흡을 하면서 지금 느끼는 감정이 어떤 감정인지 객관적으로 관찰하고 알아차릴 필요가 있다는 것이다. 이처럼 낭독자의 감정호흡은 정서와 신체 행동 사이의 연결 고리가 되고 있음을 알 수 있다. 사람은 기쁘거나 슬프거나 화가 났을 때처럼 감정과 정서를 느낄 때 그 심리가 신체 행동으로 나타난다. 이때 무의식적인 호흡을 하는데 호흡이 자신의 정서와 외적 행동을 연결시키기 때문이다.

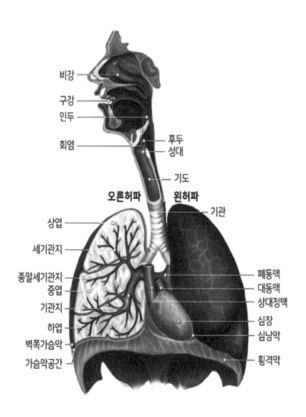

〈인체 호흡기관〉

비강
구강
인두
회염
후두
성대
기도
오른허파　　**왼허파**
기관
상엽
세기관지
종말세기관지
중엽
기관지
하엽
벽쪽가슴막
가슴막공간
폐동맥
대동맥
상대정맥
심장
심낭막
횡격막

호흡의 종류

　얼굴이나 체형이 사람마다 다르듯이 호흡 방법도 다르다. 따라서 낭독자가 호흡을 통한 긴장과 이완을 조절하지 못한다면 심리적으로 불안정한 상태가 되면서 발성 과정에서 제한을 받고 바람직한 호흡도 어렵게 된다. 호흡에는 일반적으로 흉식호흡, 복식호흡, 흉식과 복식을 모두 사용하는 전체식 호흡 등으로 구분한다.

가. 흉식호흡

흉식호흡은 가슴 윗부분만을 팽창하여 숨을 들이 쉬는 호흡으로 명치에서부터 배 근육의 상·하부 그리고 등 부분을 경직시킨다. 따라서 횡격막이 하부로 수축하지 못하고 늑골근을 위로 올리지 못하면서 가슴 상부만 팽창하게 된다. 이 과정에서 어깨가 위로 올라가면서 횡격막도 따라 올라가며 배가 안으로 들어가 충분한 공기가 들어갈 공간이 없게 되며 어깨와 목 부분의 근육이 긴장하게 된다. 이에 따라 후두 근육에도 영향을 미쳐 성대에 무리를 줄 수 있는데 이것이 습관화 된다면 발성과 음성에 문제를 일으킬 수 있다.

나. 복식호흡

복식호흡은 횡격막을 하부로 수축시키면서 흉부 하부와 복부를 팽창하게 하여 공기를 최대한 흡입하게 하는 호흡법이다. 흡기시에는 횡격막이 수축하여 하강하지만 늑골은 상승하고 흉강은 넓어져 폐활량을 증가시킨다. 이와 반대로 호기시에는 횡격막은 이완되고 상승한다. 이때 어깨의 움직임이 거의 없이 숨을 깊게 쉬도록 하는데 복식호흡에만 중심을 둘 때에는 흉식호흡을 하지 않아 늑골근이 경직되고, 들어가는 숨으로 횡격막을 하부로 밀어내고자 하기 때문에 신체에 힘을 뺀 상태에서 부드럽게 복식호흡을 한다.

다. 전체식 호흡

흉식호흡과 복식호흡을 함께 하는 호흡이다. 어린아이의 경우 하부 늑골을 중심으로 상부 늑골과 복부 그리고 양측면을 따라 부드럽게 팽창 수축하는 호흡을 한다. 이와 같이 흉식과 복식 호흡이 결합된 자연 상태가 가장 자연스러운 호흡이라고 볼 수 있는데 낭독자에게도 전체식 호흡이 가장 효과적이라고 할 수 있다. 따라서 전체식 호흡을 통해 호흡량의 증가와 함께 호흡근을 적절하게 조절할 수 있어야 하며 숨을 내 쉴 때에도 근육을 갑자기 이완하기 보다는 천천히 긴장을 풀도록 한다.

2) 발성

공감각적 보이스 구성 요인 중 발성은 폐에서 나오는 숨이 성문(聲門)을 통과하면서 성대를 진동시키는 것으로 발성 기관과 호흡기관, 공명기관, 조음기관에 의해서 음성과 말을 만든다. 즉 후두 안에 있는 두 개의 성대가 상호 부딪치면서 진동이 일어날 때 발성이 이루어진다. 발성은 의사 전달을 하려는 내적 충동에 의해 일어나며 날숨에 의해 성대를 진동시켜 음성을 만들어낸다.

베르누이 효과(Bernoulli Effect)

폐에서 성문까지 유입되는 공기가 양측 성대를 주기적으로 여닫게 하면서 공기의 흐름을 바꾸게 되며 이때 기본적인 주파수가 발생하게 되는데 이것을 공기 역학설(aerodynamic theory)이라고 한다.

성대 자체가 가진 탄성과 성문과 같이 좁은 공간에 빠른 유속으로 인해 발생되는 음압에 의해 음성이 발생되는데 이를 베르누이 효과(Bernoulli Effect)라고 한다. 1738년 스위스의 물리학자인 베르누이(Daniel bernoulli)는 〈유체역학〉에서 유체(공기나 물처럼 흐를 수 있는 기체나 액체)는 빠르게 흐르면 압력이 감소하고, 느리게 흐르면 압력이 증가한다는 법칙을 발견하였다. 이를 성대 진동의 원리에 적용해 보면 상대적으로 넓은 기관을 지나 좁은 성문을 통과하는 동안 성대 사이의 압력이 갑자기 떨어지고 속도가 빨라지면서 성문이 닫히게 되는 것이다. 이때 성대가 가지고 있는 특성인 제자리로 돌아가려는 탄성이 합쳐져 연속적인 성대의 개폐 운동이 발생한다. 성문을 통과한 호기류는 이 개폐에 따라 음성을 만든다. 이 음성이 성도를 통과하면 최종적으로 외부로 전파되는 음향 에너지로 전환되며 이때 호기가 얼마나 효율적으로 음향 에너지로 전환되었는지 파악하는 것을 음성 효율성(vocal efficiency)이라고 한다. 이를 위해 낭독자는 신체를 바르게 하고 긴장을 제거하여 소리의 통로 개방과 지속적인 발성훈련을 해야 한다. 또한 자연스러운 호흡을 방해하는 근육의 습관적 통제를 제거하고 자연스러운 호흡을 내적 중심으로 연결하여 사고와 감정, 호흡, 소리를 유기적으로 연결하도록 한다.

발성 기관의 분류

발성은 발성 기관과 호흡의 상호작용에 의해 일어나는데 발성 기관에 대한 해부학적 이해와 발성 기관 분류에 대해 살펴보면 다음과 같다.

〈후두의 구조〉

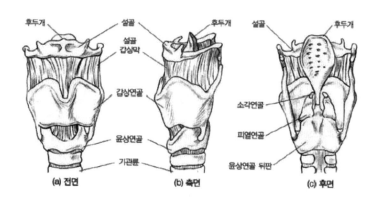

가. 후두

후두는 설골과 갑상연골, 윤상연골 등에 의해 보호되며 윤상연골 아래는 기관과 기관지가 이어져 폐 속으로 드나드는 공기의 통로가 된다. 후두의 위에는 뚜껑 역할을 하는 후두개(후두 덮개)가 있고 후두 내부에는 성대가 위치해 있다.

후두의 근육은 후두외근(Extrinsic laryngeal muscle)과 후두내근(intrinsiclaryngeal muscle)으로 나뉜다. 후두내근은 성대의 위치와 긴장도를 변화시킴으로써 성대의 모양을 바꾼다. 대부분의 후두내근은 피열연골에 부착되어 있다.

〈후두내근〉

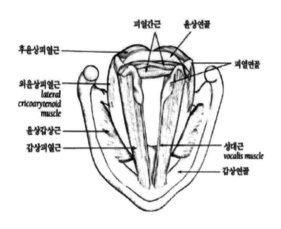

후두내근은 5개의 근육으로 이루어져있으며, 발성에 필요한 성대의 내전과 외전 그리고 긴장에 대한 움직임에 관여한다.

〈후두내근(intrinsiclaryngeal muscle)작용과 역할〉

근육명	역할	상관관계
윤상갑상근(CT, Cricothyroid muscle)	성대가 늘어나면서 음이 높아지고 성대의 길이가 줄어들면서 음의 높이가 낮아진다.	성대의 긴장에 관여하는 윤상갑상근이 수축하면 갑상연골과 윤상연골을 앞쪽으로 끌어당겨 성대를 전후 방향으로 연장시켜 외부 긴장을 높인다.

2장. 공감각적 보이스와 구성 요인

후윤상피열근 (PCA, Posterior Crico-Arytenoid muscle)	성대를 외전시켜(두 성대가 벌어지는 것) 성문을 벌린다. 성대의 외전에 관여한다.	후두 근육 중 유일하게 성대의 외전에 관여하며 가장 중요한 근육이다.
(외) 측윤상피열근 (LCA, Later Crico-Arytenoid muscle)	측윤상피열근이 수축하면 성대의 내전(두 성대가 닫히는 것)에 영향을 미쳐 성문을 닫는다.	성대가 서로 가까워져 접촉이 일어날 수 있는 상태로 적당히 내전된 상태를 만들어 소리를 발생시킨다.
피열근(IA, Inter-Arytenoid muscle)	갑상피열근의 긴장은 성대의 길이를 줄이고 성문의 앞쪽 부분을 강하게 닫게 한다. 이때 성대의 두께도 두꺼워짐에 따라 성문하압을 효과적으로 높일 수 있다.	피열연골을 내측으로 당겨 성대의 내전에 영향을 미친다.
갑상피열근(TA, Thyro-Arytenoid muscle)	성대 길이를 단축시켜 음의 높이를 낮춘다. 성대를 내전시키는 움직임에 관여하며, 갑상피열근의 긴장은 성대의 길이를 줄이고 성문의 앞쪽 부분을 강하게 닫게 한다. 이때 성대의 두께도 두꺼워짐에 따라 성문하압을 효과적으로 높일 수 있다.	성대에 작용하며 음의 높이를 조절하고 성대를 내전시키는 움직임에 관여한다.

외측윤상피열근에 의해 성대가 서로 가까워져 접촉이 일어날 수 있는 상태, 즉 소리가 발생할 수 있는 상태를 만들어 내는데 얼마나 적당히 내전된 상태를 만들어 낼 수 있는가가 발성에서 매우 중요한 요소가 된다.

후두내근 중 윤상갑상근, 후윤상피열근, 위측윤상피열근, 갑상피열근, 피열근이 성대의 움직임에 영향을 준다. 성대의 움직임을 조절함에 따라 음을 높이고 낮추는 기능을 하므로 발성에서 특히 외측윤상피열근에 의해 성대가 가까워져 접촉이 일어날 수 있는 상태를 만들고 유지하는 능력이 매우 중요하다.

후두외근은 후두를 전체적으로 올리거나 내리며 각 연골의 운동에 영향을 준다. 후두외근의 경우는 크게 설골 상부근과 설골 하부근으로 나뉘는데 상부근은 후두를 올리고 하부근은 내리는 역할을 한다. 후두의 위치는 소리의 질감과 크기에 영향을 주며 성도(vocal tract)의 길이에도 영향을 미침으로써 공명강의 길이와 전체의 면적 변화를 일으킨다.

〈후두외근〉

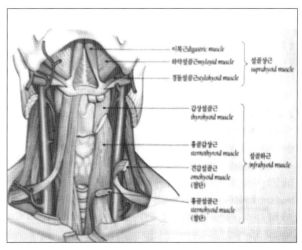

〈후두외근(Extrinsic laryngeal muscle) 작용과 역할〉

근육명	역할
설골상근(Suprahyoid muscle) a. 이복근(digastric muscle) b. 경돌설골근(stylohyoid muscle) c. 하악설골근(mylohyoid muscle) d. 이설골근(eniohyoid muscle)	주로 설골을 위로 올리는 기능을 수행한다. 이복근의 전복은 설골을 앞쪽으로 당겨 위로 올리는 역할을 한다. 이복근의 후복과 경돌설골근은 설골을 뒤쪽으로 당겨 설골을 올리는 역할을 한다.하악설골근과 이설골근은 설골의 위치를 앞뒤로 당기는 역할을 한다.
설골하근(Infrahyoid muscle) e. 갑상설골근(thyroid muscle) f. 흉골갑상근(sternothroid muscle) g. 견갑설골근(omohyoid muscle) h. 흉골설골근(sternohyoid muscle)	갑상설골근의 긴장은 설골과 갑상연골을 위쪽과 앞쪽으로 들어 올리게 되고, 흉골갑상근의 긴장은 갑상연골을 아래로 당기는 역할을 한다. 흉골설골근과 견갑설골근은 설골과 갑상연골을 아래로 당겨 내려주는 역할을 한다. 교사들이 발성을 지도할 때 흔히 '후두가 고정되어야 한다.'라고 가르치는 경우가 있는데, 이것이 바로 후두외근 중 설골과 갑상연골을 위로 당겨 올리는 근육들이 과도하게 긴장되어 목에 힘이 들어가거나 또는 후두가 고정되지 못하고 위로 올라가는 현상을 표현한 것이다. 이러한 현상은 목소리에 부정적인 영향을 미치게 된다.

나. 성대(vocal folds)

성대는 후두에 위치한 발성기관으로 좌우 대칭으로 이루어진 점막이다. 음성의 효과적인 작용을 위해서는 우선 성대 내전으로 인한 성문폐쇄(Glotticclosure)가 잘 이뤄져야 하며, 성문폐쇄와 동시에 충분한 호흡에 의한 성대 점막의 접촉이 원활해야 한다. 성문폐쇄가 잘 이뤄지려면 양쪽 성대의 대칭(symmetry)이 중요하다. 성대가 균등하게 대칭되어 있어야 공기의 흐름에 대한 효과적인 저항이 생겨 성대음을 만들 수 있다. 또한 성대에 혹이 생기거나 모양이 변하게 되면 성대는 좋은 점막 파동을 유지하기 어려우므로 좋은 목소리를 얻으려면 균질성(homogeneity)을 잘 유지해야 한다. 그리고 성대의 점막 부분의 부피가 충분해야 성대의 점막파동이 원활하게 이뤄진다. 마지막으로 성대의 긴장근인 윤상갑상근과 갑상피열근에 의해 음의 높낮이를 조절하게 되는데 이러한 확장과 수축을 통해 복원력(stiffness)이 좋은 성대는 탄성이 유지되어 균일한 음성을 유지하게 된다.

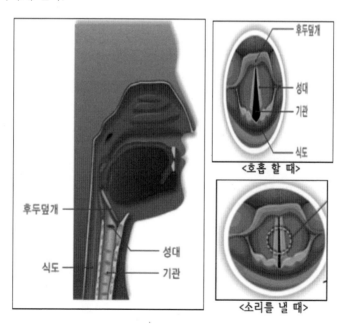

후두덮개

성대
기관
식도
<호흡 할 때>

후두덮개

식도

성대
기관
<소리를 낼 때>

2장. 공감각적 보이스와 구성 요인

3) 공명

공명의 개념

공감각적 보이스 구성 요인 중 공명은 울림이 증폭된다는 의미이며 목소리가 어떤 음질을 얻을지 좌우하는 요소이다. 원래 성대의 진동으로 인해 생겨난 소리는 너무 작아 멀리까지 도달하지 못하는데 악기의 울림통과 같은 역할을 하는 공명강을 지나면서 소리가 확대된다. 특히 음성은 얼굴 형태나 크기 등 개인적 특성에 따라 달라질 수 있는데 공명강이 클수록 음량이 증가한다고 볼 수 있다.

공명의 조건

공감각적 보이스에서 바른 자세는 공명에 필수적이다. 이는 이완되고 확장된 몸의 정렬이 음성의 공명 공간을 창조하기 때문이다. 사람의 몸은 에너지를 더 적게 사용하는 편한 자세로 습관을 만들며 성장하고 자세를 형성하는데 이때 잘못된 신체 자세에서 몸의 공간이 눌리고 왜곡되어 공명되기가 힘들다. 그렇기 때문에 익숙해진 잘못된 자세는 음성적인 문제를 유발시키기도 하는데 신체의 가장 큰 틀을 구축하는 골격이 틀어져 있으면 음성도 좋은 소리를 낼 수 없다. 그러므로 공감각적 음성이 발화되려면 먼저 땅에 딛고 서 있는 두 발과 하체 골격, 곧게 올라간 척추, 목, 그 위의 머리의 구조가 올바르게 자리 잡혀야 한다. 신체 중에서 대부분 어깨와 뒷목 부분에 긴장이 생기게 되는데 이를 완화하려면 신체 전신을 인식하며 깊은 호흡과 공명을 통해 전신의 경직을 풀어야 한다. 따라서 몸통과 척추의 정렬은 신체 내부의 공간을 재창조하고 상하좌우로 몸 안을 확장시켜 몸통 전체를 바로 서게 한다.

공명강의 분류

소리를 확대하는 공명강은 해부학적으로 인두강, 구강, 비강, 부비강으로 분류할 수 있다. 공명이 잘 되기 위해서는 공기가 진동할 수 있는 빈 공간을 울려야 하는데 인두강, 구강, 비강, 부비강 등과 같은 공명강을 잘 활용해야 한다.

가. 인두강

인두는 코와 입으로 진입하는 공기 또는 음식들을 후두와 식도로 보내는 통로로서 상인두, 중인두, 하인두의 세부분으로 나눈다. 자유로운 소리를 내기 위해서는 다양한 공간의 울림이 필요하다. 하품을 하듯이 연구개와 목젖을 올려 상인두 공간을 최대로 넓혀 준다.

나. 구강

구강은 입 안의 공간과 이 사이의 모든 공간을 포함한다. 아래턱을 자연스럽게 내리고 입 속에 공간을 넓혀 후두는 내리고 연구개

2장. 공감각적 보이스와 구성 요인

를 들어 공명강을 형성한다.

다. 비강

비강은 소리의 공명과 질에 영향을 미치며 균형 잡힌 콧소리는 비강을 통해 발현된다.

라. 부비강

부비강은 두부공명을 사용할 때 공명강의 기능을 하며 얼굴 부위에 위치하여 상악동, 사골동, 전두동, 접형 골동 등의 부분으로 이루어져 있다. 상악동은 얼굴의 양쪽 광대뼈 근처에 있으며, 사골동은 콧부리 근처에 자리한다. 눈썹 사이에 위치한 것이 전두동이며 코 뒷부분에 접형골동이 있다. 부비강은 목소리를 공명시킨다. 이러한 공명기관은 호흡운동에 따라 성대에서 소리를 확대하며, 공명 정도와 위치에 따라 음색과 음량이 변화한다. 또한 경구개, 치아, 비강과 같은 단단한 부분은 소리를 크게 하고, 목구멍, 연구개, 코 점막처럼 부드러운 부분은 소리파장을 흡수하여 소리를 부드럽게 만든다.

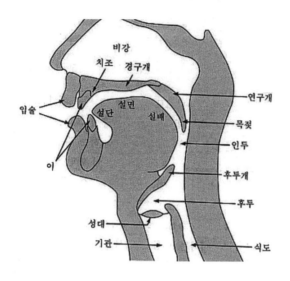

〈공명기관의 위치 및 음성기관〉

4) 발음

공감각적 보이스 구성 요인 중 발음은 혀와 입술, 이, 입천장과 같은 발음기관을 이용하여 말소리를 내는 것을 의미하는데 낭독에 있어 매우 중요한 역할을 한다. 정확한 발음을 위해 자음과 모음, 표준발음과 장단음을 올바르게 구사하도록 한다. 발음은 훈민정음 창제와도 깊은 관련이 있는데 훈민정음은 자연 현상을 그대로 표현한 우주 만물의 운동법칙으로 동양철학의 근본이 되는 음양오행(陰陽五行)에 기초를 둔다. 즉 하루를 기본으로 낮과 밤이 바뀌는 음양(陰陽)운동과 한 해를 주기로 계절이 바뀌는 오행(五行)운동이 기본 원리이다. 이와 같은 음양오행을 근본 사상으로 창조된 한글은 소리

2장. 공감각적 보이스와 구성 요인

는 물론 글자모양에도 음양오행 원리가 적용되어 모음에는 음양의 원리가 자음에는 오행의 원리가 내포되어 있다.

자모음 구분	자음 제자 상형성					모음 제자 상형성		
	이음자	설음자	치음자	순음자	후음자	점 모음자	횡 모음자	종 모음자
기본형태	ㄱ	ㄴ	ㅅ	ㅁ	ㅇ	·	―	ㅣ
발음형태						○	○	○
발음방법	혀뿌리가 목구멍을 막는 모양	혀끝이 윗몸에 붙는 모양	혀허리가 윗잇몸에 붙은 모양	입이 위 아래 입술을 합하는 모양	입술과 목구멍이 열려 붕하는 모양	입을 연 모양 (하늘)	입을 쭈그린 모양 (땅)	입을 벌린꼴 (사람)

이처럼 음양오행(陰陽五行)을 토대로 자음은 오행의 원리와 음성학적 발음 형태로 어금닛소리(木), 혓소리(火), 입술소리(土), 목구멍소리(水)로 구분되어 형상화되고 모음은 천(·), 지(―), 인(ㅣ) 삼재(三才) 사상에 따라서 형상화된다.

3장

공감각적
보이스 액팅 훈련

01
보이스 액팅 훈련
개념과 의미

　보이스 액팅(Voice Acting)에서 'Voice'는 사전적 의미로 '목소리, 음성'을 의미하며 'Acting'은 '행동'을 의미한다. 매체별 화술 특성에 의하면 음성학과 연기학이 결합된 개념이며 매체별 표현 방법 차이에 의하면 시각 정보가 있는 영상을 파악하여 직접적으로 표현하는 목소리 연기이다.

　이에 본 저서에서는 보이스 액팅을 '움직이며 낭독'하는데 필요한 음성과 신체의 종합 훈련이라고 정의하고자 한다. 이러한 보이스 액팅 훈련을 통해 낭독자는 음성 훈련과 더불어 텍스트가 갖고 있는 다양한 감정을 행동으로 훈련하면서 경험과 상상 속 이미지를 음성으로 재 형상화 한다. 이러한 과정에서 다양한 장르의 낭독을 이해하고 표현할 수 있으며, 호흡, 발성, 공명, 발음 등에 대해 훈런하고 텍스트 내용에 어울리는 표정과 행동을 수반하여 낭독 훈련을 한다. 이를 통해 표현력이 확장되어 청자들이 텍스트를 공감각적으로 받아들이는 데에 도움을 줄 수 있다. 더불어 보이스 액팅 훈련은 낭독자의 자신감과 동기부여 측면에서 긍정적인 영향을 준다. 즉 언어와 비언어적 표현, 음성과 행동의 활용을 통해 낭독의 능력제고와 자기표현에 있어 기대 이상의 성과를 얻을 수 있다. 이러한보이스 액팅을 활용한 목소리 훈련은 의사소통 시에도 자신의 생각및 감정들을 능동적으로 표현하는 역할을 할 것이다.

02
공감각적 보이스 액팅
형상화 3단계 훈련

공감각적 보이스 액팅 훈련은 형상화 3단계 훈련을 토대로 진행한다.

⟨공감각적 보이스 형상화 3단계 훈련⟩

1단계	2단계	3단계
낭독할 오디오북 텍스트를 보며 문장을 자연스럽게 낭독하는 단계	텍스트 내용에 맞는 움직임, 보이스 액팅 훈련을 활용하여 목소리가 형상화 되도록 '행동'으로 표현하는 단계	2단계 훈련 후 오디오북 텍스트를 재 낭독하여 변화 된 보이스 검증 단계

가. 1단계는 낭독자의 평소 낭독 습관대로 문장을 편하게 읽는 단계이다. 낭독할 오디오북 텍스트의 의미를 음미하며 문장을 자연스럽게 낭독한다.

나. 2단계는 1단계 낭독을 반복하면서 텍스트 내용에 맞는 움직임, 보이스 액팅 훈련을 활용하여 목소리가 형상화 되도록 표정과 행동으로 표현하는 단계이다.

다. 3단계는 2단계 훈련 후 오디오북 텍스트를 재 낭독한다. 변화된 보이스를 검증하고 훈련 후의 음성이 오디오북 텍스트 형상화에 어떤 영향을 미쳤는지 보이스 액팅 훈련의 성과를 분석한다.

03
공감각적 보이스 액팅
기본 훈련

낭독자의 공감각적 보이스는 호흡, 발성, 공명, 발음 등과 유기적으로 연관되어 있으며 효과적인 보이스의 창출을 위해서는 신체 근육의 움직임을 비롯한 음성기관의 훈련이 필요하다. 또한 오디오북 텍스트에 내재되어 있는 의도와 목적, 상황이 낭독자의 음성을 통해 입체적으로 전달되려면 다음과 같은 공감각적 보이스 액팅 기본 훈련이 고려되어야 하는데 이는 AHP(Analytic Hierarchy Process) 우선 순위 분석과 3개의 모집단을 통해 실증적으로 훈련을 실시하였으며 이를 수정 보완하여 공감각적 음성 신체 훈련인 공감각적 보이스 액팅 기본 훈련을 구성하여 체계화하였다. 이에 따라 영감인지 훈련, 공감각적 음성화 훈련, 감정표현 훈련, 유사언어 활용 훈련을 제시하였다. 영감인지 훈련을 통해 심신(心身)의 균형을 맞추고 공감각적 음성화 훈련, 감정표현 및 유사언어의 활용 훈련과 함께 조화를 이루어 전체적인 공감각적 보이스 액팅 기본 훈련을 구성하였다.

1) 영감인지(靈感認知) 훈련

영감(靈感)의 개념은 일상 생활에 무의식적으로 존재하는 것이 완전한 의식으로 투명하게 부상된 체험이다. 공감각적 보이스 액팅 기본 훈련으로서 첫 번째 영감인지(靈感認知) 훈련은 신체와 내면의 인식으로 시작하는데 세 가지 영역에서 영감을 인지한다.

첫째는 '신체(Body)'의 영역으로서 감각 기관으로 계속적인 정보를 보내며 인식한다. 둘째 '영혼(Soul)'의 영역으로서 대상들이 주는 인상을 통해 인식한다. 즉 어떤 것에 대해 호감을 갖거나 반감을 느끼고, 이로움과 해로움을 생각하며 욕망과 혐오감을 갖기도 한다. 셋째, '정신(Spirit)'의 영역으로서 신(神)적인 태도 등을 통해 그 대상이 밝힌 작용과 존재의 비밀을 인식한다. 결국 영감(靈感)은 인간이 볼 수 없는 것을 발견해 내는 것이며 이는 경험 밖의 세계에 존재하는데 그 세계와의 정신적인 교감이라고 할 수 있다.

이러한 관점을 토대로 영감인지 훈련에서는 자신의 신체와 내면을 인식하는 과정으로 무의식과 연결하는 신체인식(全身認識), 횡격막인식(橫隔膜認識), 와신인식(臥身認識), 착좌인식(着座認識), 오감인식(五感認識)으로 나누어 살펴보았고 각 단계에 맞는 신체훈련 동작을 제시하였다.

(1) 신체인식(全身認識)

신체인식(身體認識)은 자신의 신체에 대한 이미지를 내·외부로 인식하는 것이다. 이는 개인이 신체에 대해 갖고 있는 주관적이고 정신적인 견해이며, 개인의 감정 및 태도에 초점을 둔 심리적 경험이라고 할 수 있다. 또한 '질적인 몸의 변화(a qualitative bodily transformation)'의 경험이며, 예지 그로토프스키의 말처럼 '자신의 몸을 지속적으로 탐구함으로써 신체와의 솔직한 만남을 이루며 외부의 자극과 소통할 수 있는 신체의 준비된 상태'이다. 이처럼 신체인식은 자신의 신체를 내부에서 이미지화하여 인식함과 동시에 객관적인 관찰자의 시선으로 외부에서 자신을 바라보는 과정이다.

신체인식 훈련

신체인식(全身認識) 훈련은 공감각적 보이스 액팅 기본 훈련으로서 신체의 긴장을 제거하고 마음을 차분하게 가라앉히는 무념무상의 훈련이다. 자연스러운 호흡을 방해하는 긴장과 불편함을 이해하려면 신체 내부의 흐름과 작용에 대해 알아야 한다. 폐는 가슴과 복부를 분리하는 큰 근육인 횡격막 위에 놓여 있다. 횡격막은 척추, 하부 갈비뼈 및 가슴뼈에 닿아 있는데 일상적인 호흡을 할 때는 자연스럽게 이완과 수축을 하면서 위아래로 움직인다. 그 움직임을 관찰하는 것만으로도 호흡력을 강화시킬 수 있으며 폐의 공간을 확장시킨다. 또한 신체인식 훈련은 오디오북 텍스트 형상화를 위해 낭독자의 감정적 토대가 된다. 자신의 신체를 내부와 외부에서 바라보고 인지하는 것은 몸과 마음이 함께 하는 상태를 체험하는 것이며, 이로부터 출발하여 자신의 감정 상태를 발견해 나가도록 한다. 신체인식의 첫 단계는 바르게 서서 골격을 바로 세운다. 아치형으로 구부러져 있는 발바닥의 곡선을 유지하면서 발바닥의 세 꼭짓점으로 중심을 잡고 신체 내부공간을 인식하며 호흡한다. 이러한 과정 속에서 내적 에너지의 흐름이 어떻게 변화하고 있는지 세밀하게 관찰한다. 신체인식 훈련은 두 개의 시선으로서 자신을 바라보는데 하나는 호흡이 신체 내부의 공간을 따라 순환하는 과정에 대한 내적 인식이며 다른 하나는 호흡의 순환과 더불어 자신이 위치한 공간 속에서의 외적인 신체를 인식하는 것이다.

〈신체인식 훈련〉

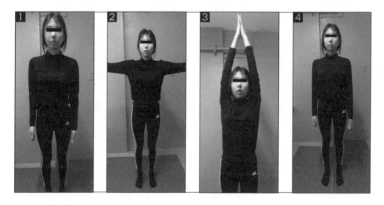

① 편한 자세로 양 발을 어깨 넓이 보다 조금 좁게 서서 몸의 무게를 발바닥에 균형 있게 싣는다. 발바닥의 세 꼭짓점으로 중심을 잡고 발바닥 전

체를 고루 지지하며, 눈을 감고 호흡을 편안하게 흐르게 하며, 신체 내부의 공간을 인식한다.

② 팔을 수평으로 올린 상태에서 늑골의 변화와 몸의 중력을 전신으로 인식하며 어깨와 팔의 무게를 느껴본다. 팔을 내렸을 때의 이완의 감각과 호흡의 변화를 인식한다.

③ 양팔을 천천히 양옆으로 벌리며 귀와 맞닿을 때까지 이동하여 두 손이 천장을 향하도록 맞댄다. 이 상태에서 척추와 늑골, 골격의 변화와 호흡기관의 움직임 그리고 팔의 무게 등을 인식한다. 나가는 숨에 서서히 양팔을 내리며 신체와 호흡의 변화를 관찰한다.

④ 다음은 바로서서 신체골격을 형상화하며 신체 외부로 생각을 이동한다. 오른쪽 발끝에서 시작해 '음' 소리와 함께 전신 골격을 따라 신체를 이미지로 형상화하며 천천히 허밍한다. 이때 생각을 비우고 골격을 따라 움직이는 전신의 흐름을 인식한다.

(2) 횡격막인식(橫隔膜認識)

횡격막은 허파, 내장기관, 심장 사이에 가로로 놓인 힘줄 조직으로 스스로 움직일 수 없는 근육이며 왼쪽보다 오른쪽의 천장이 조금 더 높은 이중 천장의 모습을 하고 있다. 횡격막 상부로는 폐와 심장이 자리하며 아래로는 인체 내장기관이 위치해 있는데 횡격막의 움직임을 인식하는 것은 매우 중요하다. 호흡이 복부에 가득 채워진다고 생각하고 잠시 유지하였다가 자연스럽게 비워지는 과정에서 횡격막의 움직임을 느끼고 음성이 횡격막의 안쪽 깊은 곳에서 나온다고 인식한다. 이를 통해 호흡과 소리를 부드럽게 연결시킬 수 있다. 횡격막에 긴장이 유지되면 음성에 예민하게 작용하여 발성에 영향을 미치므로 편안한 상태에서 횡격막을 인식하며 호흡하도록 한다.

횡격막인식(橫隔膜認識) 훈련

공감각적 보이스 액팅 기본 훈련으로서 횡격막 인식(橫隔膜認識) 훈련은 신체 외부에서 횡격막을 형상화함으로써 가시적으로 호흡의 흐름을 명확히 인식한다. 이러한 의식의 집중으로 신체 내부와 외부가 평온한 에너지로 가득 찰 수 있도록 한다.

만약 낭독자의 내적인 에너지가 원활히 흐르지 않고 긴장을 하게 되어 그것이 장애 요소로 작용하면 완전한 집중을 유지할 수 없다. 코포는 이러한 상태를 '혈이 막힌(the freezing of blood)' 상태라고 표현하였는데 횡격막 인식 훈련을 통해 내적 에너지가 원활하게 움직이도록 훈련한다.

① 양손을 아랫배에 대고 숨이 들어오면서 횡격막이 수축하는 것(내려가는 것)을 인식하며 복부와 갈비뼈가 확장되는 것을 손바닥으로 느낀다. '음' 하는 허밍 소리가 신체를 맴돌며 숨이 천천히 나가도록 한다. 이때 어깨의 긴장을 내려놓고 호흡과 신체의 변화를 관찰한다. 3회 반복한다.

② 한 손을 복부에 대고 다른 한 손은 뒷 등 같은 위치에 놓아 숨을 들어오게 하면서 호흡에 따른 손바닥의 변화를 인식한다. '음' 소리와 함께 숨을 나가게 하며 몸통 전체로 호흡과 울림을 인식한다. 3회 반복한다.

③ 양쪽 늑골에 두 손바닥을 대고 숨이 들어가게 하면서 손바닥 부위로 늑골이 확장되는 것을 느낀다. 이때 어깨의 긴장은 내려놓고 횡격막이 수축되는 것을 인식하며 잠시 숨을 유지한 뒤 '음' 소리로 허밍하며 숨을 나가게 한다. 3회 반복한다.

④ 두 손가락을 깍지 끼고 손등을 위로 향하게 한 상태에서 깊은 호흡을 하며 횡격막의 움직임을 따라 양 팔을 움직인다. 숨이 들어가면 두 손이 횡격막을 따라 아래로 내려오고 '음' 소리를 내며 허밍하면서 숨이 나가게 할 때에는 두 손을 명치 쪽으로 올린다. 횡격막을 외부에서 형상화하

는 가시적 훈련으로 호흡량의 증대와 더불어 횡격막을 비롯하여 이와 연결된 근육들을 단련시키는 훈련이다.

(3) 와신인식(內面認識)

와신인식(臥身認識)은 누워서 하는 훈련이다. 눕는다는 것은 신체적, 심리적 안정감을 주는 상태인데 에너지가 없이 누워만 있는 자세가 아니라 자신이 하고자 하는 훈련을 위해 신체적으로 편안한 상태를 만드는 것이다. 다양하게 누운 자세에서 횡격막과 늑골의 변화를 인식하며 자세에 따라 달라지는 신체 내부 공간과 호흡의 변화를 인식한다.

와신인식(臥身認識) 훈련

공감각적 보이스 액팅 기본 훈련으로서 와신인식(臥身認識) 훈련은 누운 자세에서 내면을 인식하는 것으로 바닥에 누운 자세에서는 몸을 바르게 세워야 한다는 부담이 없고 심적 안정을 얻기 때문에 근육의 이완에 도움이 된다. 숨을 나가게 할 때에는 아래턱을 자연스럽게 열고 입 공간을 인지하며 후두부가 개방된 느낌으로 숨과 함께 음성을 나가게 한다. 만약 후두부가 조여지거나 호흡을 조절하며 목에 힘을 주고 있는 느낌이 든다면 긴장 상태라고 볼 수 있는데 이러한 습관은 복부에 힘을 주면서 호흡을 하는 현상으로 호흡의 기류를 불안정하게 만들 수 있으므로 와신인식 훈련을 통해 개선하도록 한다.

〈와신인식 훈련〉

① 몸 전체에 힘을 빼고 편안한 자세로 누워 호흡을 한다. 체중 전체로 몸과 바닥의 중력을 인식하며 바닥에 닿는 부위들이 넓어지고 밀착된다고 생각한다. '음' 허밍을 하며 신체와 바닥의 울리는 부분을 느껴본다.

② 양팔을 옆으로 펴고 양 손바닥을 편하게 놓는다. 팔의 위치가 벌어짐에 따라 달라지는 갈비뼈의 확장과 호흡의 변화를 인식한다. '음' 허밍을 하며 신체 내부와 바닥의 울리는 부분을 인지한다.

③ 옆으로 천천히 누우며 무릎을 살짝 구부린다. 몸 전체로 호흡하며 바닥과 맞닿은 신체 부위를 인식한다. 신체 위치가 달라진 부분에 주의를 기울이며 호흡한다. '음' 허밍을하며 신체 내부와 바닥의 울리는 부분을 인지한다. 반대로 누워 같은 훈련을 한다.

④ 천장을 바라보고 눕는다. 천장에서 무릎을 위로 끌어 올리듯이 한 무릎씩 올리며 발바닥을 바닥에 붙인다. 체중 지지점과 바닥에 닿아 있는 부분을 인식한다. 어깨와 팔의 힘을 빼고 천천히 코로만 숨을 들어오게

하고 '하' 소리를 천장의 목표점까지 보내며 숨을 천천히 나가게 한다. 5
회 반복한다.

(4) 착좌인식(着座認識)

착좌인식(着座認識)은 앉은 자세에서 몸 전체로 에너지를 느끼고
마음을 안정시키는 훈련이다. 이는 호흡을 중심으로 하는 내적 에
너지 활성화 과정을 통해 '반응하고 존재할 수 있는 주체'로서의 상
태를 의미한다. 착좌인식은 앉아 있는 상태에서 자신의 호흡을 인
식하고 내부에서 일어나는 자신의 감정이나 느낌을 인식하는 훈련
으로 머리끝 정수리 부분에서 시작해 척추를 타고 하체로 이어져
몸 전체로 순환되는 공감각적 에너지의 흐름을 인식한다. 낭독자는
훈련과정에서 텍스트 안에서의 상황과 인물 그리고 텍스트를 넘어
존재하는 대상에게 정확히 시선을 두어 목표를 설정하고, 끊임없는
인식을 통해 집중하여 훈련한다.

착좌인식(着座認識) 훈련

공감각적 보이스 액팅 기본 훈련인 착좌인식 훈련은 장시간 앉아
서 낭독을 진행하는 낭독자에게 최대한의 효율이 발생하도록 호흡
의 통로를 따라 발산하는 음성 에너지의 흐름을 훈련한다.

〈착좌인식 훈련〉

① 가부좌 자세로 앉아 지면에 닿아있는 신체 바닥까지 숨이 들어온다고 생각한다. 상체를 편안하게 하고 척추가 길어지고 넓어지는 생각을 하며 숨을 내보낸다. 전신에 흐르는 기운을 인식하며 무념무상 상태로 호흡의 길을 따라 생각을 이동한다.

② 두 발을 붙이고 최대한 상체를 숙이면서 꼬리뼈까지 숨이 저절로 들어 오게 한다. 이때 뒷등을 서서히 확장하며 상체 전체와 척추로 호흡한다고 생각한다. 호흡이 나가면서 '음' 소리를 내며 신체를 인식한다. 3회 반복 하고 서서히 상체를 세운다.

③ 의자에 앉아서 발을 지면에 붙이고 척추를 바로 세운다. 의자와 닿는 신체 부위를 인식한다. 자신의 골격을 X-레이 투사하듯이 인식하며 몸 전체가 하나의 호흡 기관이라고 상상하고 발바닥까지 숨이 들어가게 하 고 '음' 소리를 내며 허밍하면서 숨이 서서히 나가게 한다.

④ 숨과 함께 호흡기관 중 폐를 손으로 형상화하는 동작을 한다. 손동작 에만 의식을 집중하고 숨이 들어갈 때 두 손을 확장하고 숨이 나갈 때 '음' 소리로 허밍하며 호흡을 인식한다.

(5) 오감인식(五感認識)

몸으로 느끼는 첫 통로는 감각이다. 감각을 느낀다는 것은 단순히 외부 자극에 대해 민감하게 반응하는 게 아니라 감각을 느낌으로써 자신의 내면에서 무엇이 발생 되는지를 인식하는 것이다. 몸의 감각으로 주변과 물체의 힘을 지각하고 이때 상황에 따라 신체내, 외부에 존재하는 신체 감각들을 인식한다. 따라서 오감인식(五感認識)은 오감을 불러일으켜 모든 감각기관들을 자극하는 인식 단계이다.

오감인식(五感認識) 훈련

공감각적 보이스 액팅 기본 훈련으로서 오감인식(五感認識) 훈련은 오감을 발달시켜 그 감각을 공감각적 음성과 접목하기 위한 훈련이다. 예를 들어 따뜻한 차가 들어있는 찻잔을 손에 쥐었을 때의 촉감, 달콤한 초코 아이스크림을 먹을 때의 미각, 맛있는 김치찌개의 냄새를 맡는 후각, 바닷가에서 파도 소리를 듣는 청각 훈련을 통해 오감을 인식한다. 또한 오감인식을 통해 현재를 인식하는 훈련을 하는데 이때 현재의 자극에 쉽게 반응할 수 있도록 주어진 상황에 집중한다. 즉 오감인식을 통해 텍스트에서 일어나는 모든 현상들이 현재 일어나고 있는 것처럼 낭독자의 인식이 형성된다면 가상의 상황을 생생하게 음성으로 표현할 수 있게 될 것이다. 이는 낭독을 하는 동안 현재를 사는 감각이면서 동시에 본능적, 직관적 반응들을 통해 오감을 인식하는 훈련이다.

〈오감인식 훈련〉

① 바른 자세로 앉아 각 신체 부위마다 몸의 감각을 느껴본다. 호흡을 통해 들숨과 날숨의 온도 차이를 인식하고 무념무상(無念無想)의 상태를 이루도록 한다. 공감각 중에서 시각을 인식하기 위해 눈을 감고 바닷가를 상상하고 청각을 훈련하기 위해 바닷가의 파도소리를 상상한다.

② 공감각 중에서 미각을 훈련한다. 다양한 미각을 인식하기 위해 커피나 음료 혹은 구체적인 음식 등을 먹고 마시는 동작을 함께 하면서 맛을 느껴보는 훈련을 한다.

③ 공감각 중에서 후각을 인식하기 위해 눈을 감고 구수한 된장찌개 냄새를 상상한다.

④ 공감각 중에서 촉각을 인식하기 위해 다양한 질감의 천이나 물체를 만지며 촉각을 형상화 시키는 감각을 훈련한다.

2) 공감각적 음성화 훈련

공감각적 음성은 낭독자의 호흡, 발성, 공명, 발음 등과 연관되어 있으며, 공감각적 음성의 창출을 위해서는 이미지와 경험 및 상상을 불러옴과 동시에 신체 근육의 움직임을 비롯한 음성기관의 훈련과 조화가 필요하다. 이때 바른 자세는 공감각적 음성 발화에 필수적이다.

공감각적 음성이 잘 발화되려면 먼저 땅에 딛고 서 있는 두 발에서 시작해 하체 골격, 척추, 목, 그 위에 가볍게 올린 머리의 구조가 바르게 자리 잡혀야 한다. 따라서 공감각적 음성화는 신체 전체로 호흡하고 성대의 진동으로 음성을 만드는 발성, 호흡과 발성을 연속적으로 수행하며 공명강을 활용하여 몸 전체를 울리는 공명, 정확한 발음으로 텍스트를 형상화 시키는 과정으로 음성이 어디에서 시작되는지 인지하는 훈련이다. 즉 공감각적 보이스 액팅 기본 훈련 중 공감각적 음성화 훈련은 호흡, 발성, 공명, 발음이 유기적으로 결합되어 목소리의 근본을 깨닫는 훈련 과정이다. 이러한 관점을 토대로 공감각적 음성화 훈련을 복식호흡(腹式呼吸), 전체식호흡(全體式呼吸), 전신호흡(全身呼吸), 진성발성(眞聲發聲), 흉강공명(胸腔共鳴), 복강공명(腹腔共鳴), 형상발음(刑象發音)으로 나누어 살펴보았고 각 단계에 맞는 신체훈련 동작을 제시하였다.

(1) 복식호흡(腹式呼吸)

복식호흡은 횡격막 근육과 복부 근육의 작용으로 상복부 근육을 수축 또는 이완시키며 가슴과 배 사이의 횡격막 상하 운동을 동시에 활용하는 호흡법이다. 또한 복식호흡은 횡격막 호흡이라고도 하는데 횡격막(diaphragm, 가로막)은 복식호흡에 있어 필수적인 역할을 수행하며 신축 운동이 가능하여 호흡 시 그 모양이 바뀌고 경추(cervical vertebra) 3번과 5번 사이에서 나오는 횡격막 신경에 의해 지배를 받는다. 또한 목 부분 신경 줄기에 횡격막과 연결된 신경이 있는데 그런 이유로 목이 불편하면 호흡에 어려움이 생기게 되므로 뒷목이나 어깨 근육의 긴장을 완화시키기 위해서도 복식호흡이 필요하다.

복식호흡(腹式呼吸) 훈련

바른 자세로 이완되고 확장된 몸의 정렬이 음성의 공간을 창조하므로 깊은 복식 호흡을 통해 신체의 긴장을 풀고 상체 내부와 척추, 척추 사이의 근육들과 공간을 관찰한다. 따라서 공감각적 보이스 액팅 기본 훈련으로서 복식호흡 훈련은 입체적인 공감각적 낭독을 위해 필수적이다.

〈복식호흡 훈련〉

① 시선을 앞에 고정시키고 깍지를 낀 상태에서 횡격막을 따라 호흡한다. 횡격막에 의식을 집중하고 숨을 코로 들이마시며 횡격막 모양을 따라 깍지 낀 손을 아래로 내린다. 목표점을 설정하여 나가는 숨에 '하' 소리를 그 지점까지 길게 보내며 두 손을 천천히 명치 쪽으로 이동한다. 3회 반복한다.

② 오른 손바닥의 중심이 복부와 만나도록 하고 왼손 바닥은 동일한 위치에 있는 등에 위치시킨다. 어깨의 긴장을 내려놓고 숨이 복부 깊은 곳까지 코로만 들어가게 하는데 이때 두 손바닥이 모두 부풀어 오르도록 하고 '하' 소리를 목표점까지 보내며 숨을 천천히 끝까지 나가게 한다. 몸통 전체를 인식하며 3회 반복한다.

③ 양 팔을 90도로 들어 올리며 코와 입으로 동시에 골반 바닥까지 숨이 들어오게 한다. 팔을 올린 상태에서 숨이 나가며 '후' 소리를 목표점까지 보낸다. 팔을 올린 상태에서 복부와 갈비뼈의 움직임을 인식하며 3회 반복하고 마지막 숨이 나갈 때 팔을 내리면서 '후' 소리를 목표점까지 보낸다. 깊은 호흡을 인식한다.

3장. 공감각적 보이스 액팅 훈련

④ 양팔을 90도로 구부린 후 팔을 머리 위 방향으로 들어 올리며 상체 전체로 숨이 들어가게 하고 팔을 처음 위치로 내리며 '후~' 소리를 목표점까지 보낸다. 이때 팔의 움직임에 따른 숨의 변화와 늑골(갈비뼈)의 확장과 변화, 복부와 상체의 움직임을 관찰하며 깊은 호흡을 인식한다. 3회 반복한다.

(2) 전체식호흡(全體式呼吸)

전체식호흡(全體式呼吸)은 흉식호흡의 단점을 보완해 주고 호흡의 길이와 깊이를 바꾸어 이상적인 후두의 위치를 만들어 준다. 안정된 후두의 위치는 성대 접촉에 영향을 미쳐 발성에 기여하고 충분한 들숨의 유입, 후두의 위치 조정, 성대 접촉율의 증가에 도움을 준다. 특히 전체식호흡(全體式呼吸)은 들숨을 자연스러우면서도 깊게 하도록 하는데 이때 횡격막의 수축과 늑골의 확장으로 호흡량을 증가시킬 수 있다.

전체식호흡(全體式呼吸) 훈련

공감각적 보이스 액팅 기본 훈련으로서 전체식호흡(全體式呼吸) 훈련은 호흡근의 발달, 나아가 폐의 깊은 부분 뿐 아니라 신체의 곳곳에 산소를 전달하여 생각과 충동 등 감정을 주관하는 내적인 곳까지 영향을 미친다.

〈전체식호흡 훈련〉

① 양 손바닥을 허리 위 늑골에 두고 골반까지 코로 숨이 들어오게 한다. 늑골의 확장과 횡격막의 움직임을 통해 숨이 깊이 들어가게 하고 그 숨을 잠시 유지하였다가 목표점까지 '하' 소리를 최대한 길게 보낸다. 3회 반복한다.

② 코로 숨이 깊게 들어가도록 하면서 두 팔을 앞쪽으로 이동하며 천장 위로 올린다. 목표점까지 '후' 소리를 보낸다. 팔을 올린 상태에서 3회 반복하고 마지막 나오는 숨과 함께 팔을 천천히 내린다. 이때 변화하는 늑골의 움직임과 복부의 확장, 호흡을 관찰한다.

③ 기분 좋은 생각을 하며 가볍게 양팔을 천장 위로 올리며 숨이 들어오게 한다. 왼쪽으로 몸을 기울이며 목표점까지 숨이 나가게 하면서 '하~' 소리를 보내는데 오른쪽 무릎이 자연스럽게 구부러지도록 하며 오른쪽 옆구리 늑간근을 확장한다. 그 상태에서 확장된 늑골과 복부의 공간을 느끼며 2회 반복하고 3회째 나가는 숨에서 몸을 제자리로 돌아오게 한다. 왼쪽도 동일한 자세로 훈련하는데 마지막 3회째 숨이 나갈 때 팔과 몸을 제자리로 돌아오게 하면서 팔을 내린다.

④ 양손을 사선으로 뻗은 상태에서 숨이 최대한 들어오게 하고 까치발을 하면서 양손을 최대한 뻗는다. 나오는 숨에 양 팔과 발을 원위치 시키며 목표점까지 '하~'소리를 보낸다. 3회 반복하고 마지막 숨이 나갈 때 팔을 천천히 내리며 이완된 신체 부위를 인식한다. 팔을 확장했을 때와 팔을 내렸을 때의 호흡과 음성의 차이를 관찰한다.

(3) 전신호흡(全身呼吸)

전신호흡(全身呼吸)은 공감각적 보이스 액팅 훈련 과정에서 몸통과 하체까지 연결해 신체 전체로 호흡한다고 상상하는 훈련이다.

늑골 하부와 횡격막을 지나 골반을 열고 호흡을 열어준다고 이미지를 그리고 들어가는 숨이 발바닥까지 내려가도록 하고 몸통 전체로 호흡한다. 전신이 소리를 내는데 관여하여 신체가 곧 소리가 된다는 것을 인식한다.

전신호흡(全身呼吸) 훈련

전신호흡(全身呼吸)은 신체 내부 모든 공간을 숨으로 채워나가는 상상을 하면서 신체 부위마다 눌려 있는 공간을 확장하여 음성으로 에너지를 발화하는 훈련이다. 매 호흡마다 신체의 기관을 이동하며 관찰하면서 심신의 조화를 이루도록 한다.

〈전신호흡 훈련〉

① 편안한 자세로 서서 양발을 지면에 고르게 붙이고, 머리끝에서부터 숨을 채워나간다고 생각하며 머리,가슴,배, 다리, 발끝까지 몸 전체 공간이 채워지는 느낌을 인지하며, 발바닥까지 숨을 가득 채운다고 상상한다. 입으로 천천히 '후' 소리를 내며 숨을 나가게 한다. 3회 반복한다.

② 머리의 힘을 빼고 상체를 떨어뜨린 상태에서 두 손가락 끝을 오른발에 대고 호흡의 통로를 지나 오른 발 끝까지 호흡을 채운다고 생각한다. 천천히 호흡을 나가게 하며 '후' 소리를 마지막 숨까지 보낸다. 3회 반복한다. 왼발도 같은 방식으로 훈련한다. 상체를 이완하여 척추를 부드럽게 확장하고 호흡이 역방향으로 흐르며 발끝까지 채우는 상상을 통해 음성의 이완된 질감을 경험한다.

③ 양 팔을 들고 두 손을 이마 중앙 미간에 오게 한다. 이 상태에서 먼저 '후' 소리를 내며 숨을 나가게 하고, 머리 위로 둥글게 돌아 양 옆으로 반원을 그리며 숨을 골반 바닥까지 가득 채운다. 나머지 반원을 그리며 아래로 천천히 둥글게 돌아내리며 목표점까지 '후' 소리와 함께 숨이 나가게 한다. 팔의 움직임에 따라 전신의 호흡과 늑골의 움직임, 음성의 변화를 관찰한다.

3장. 공감각적 보이스 액팅 훈련

④ 나비가 날갯짓 하듯이 오른발이 앞으로 나오면서 팔을 살며시 양 옆으로 들어 올리며 숨이 들어오게 한다. 왼발을 오른발 앞으로 옮기며 중심을 왼발로 옮기고 팔을 내리며 '후' 소리와 함께 숨이 나가게 한다. 10회 반복한다. 발을 바꾸어 사뿐사뿐 걷듯이 10회 반복하는데 이때 전신이 호흡으로 가득 찬 느낌으로 걷는다. 조금 빠른 움직임을 통해 호흡을 이동하면서 음성을 신체 내면과 외면으로 연결하여 훈련한다.

(4) 진성발성(眞聲發聲)

공감각적 보이스 액팅 기본 훈련에서 진성발성(眞聲發聲)은 음성이 발화함에 있어 근본적인 동력과 힘을 필요로 한다. 발성 과정에서 숨이 들어가기 전에 발성을 시작하거나 숨이 나간 후에 발성을 시작하는 습관 등은 들숨과 날숨에 관여된 근육의 조화가 이루어지지 못하는데 이는 음성을 피로하게 만들고 발성 근육에 이상을 초래할 수 있다. 또한 호흡을 적절하게 유지하지 못한다면 비효율적으로 공기가 빠져나가 음성화 과정에서 강한 압력이 성대를 통과하게 되거나 진동이 효율적으로 발생하지 못하고 음이 길게 지속되기 어렵다. 충분한 들숨 없이 잔여 공기로 말하거나, 숨이 모자란 상태에서 문장 마지막까지 억지로 발화하는 것은 성대에 무리를 줄 수 있으므로 진성발성 훈련을 통해 개선한다.

진성발성(眞聲發聲) 훈련

진성발성(眞聲發聲)은 음성을 발화함에 있어 복부의 숨을 지탱하면서 소리의 길을 따라 성대의 근육과 압력을 효율적으로 활용하여 발성하는 훈련이다.

〈진성발성 훈련〉

① 무릎을 꿇고 앉아 양손을 옆 늑골에 대고 숨이 골반까지 들어가는 상상을 하면서 늑골이 확장되는 것을 손바닥으로 느껴본다. 일정한 거리에 목표점을 설정하여 서서히 고개를 뒤로 젖히며 천장을 바라보면서 물줄기가 뿜어지듯이 '뿌' 소리를 마지막 숨까지 보낸다. 고개를 젖힌 상태에서 숨이 들어가게 하고 반대로 서서히 물줄기를 뿜듯이 '뿌~' 소리와 함께 고개를 원상태로 바로 한다. 3회 반복한다.

② 고개를 바로 한 상태에서 발끝까지 숨이 들어오는 상상을 하면서 숨이 들어오게 하고 호흡의 통로를 따라 입에서 물줄기가 전방에서 바닥으로 곡선을 그리며 90도 아래로 이동하듯이 머리를 천천히 아래로 내리며 '뿌~' 소리를 숨과 함께 보낸다. 고개를 숙인 상태에서 숨이 들어가게 하고 바닥까지의 거리의 감각을 느끼며 반대로 서서히 물줄기 뿜듯이 '뿌~' 소리와 함께 머리를 원상태로 바로 세운다, 3회 반복한다.

③ 의자에 앉은 자세에서 전면의 목표점을 응시하고 숨이 골반까지 들어가게 한다. 고개를 왼쪽으로 90도 돌리며 일정한 거리로 물줄기를 뿜듯이 서서히 숨이 나가게 한다. 왼쪽으로 고개를 돌린 상태에서 숨이 들어가게 하는데 이때 호흡이 들어가는 내,외부의 신체의 공간을 인식하고 깊이 채운 숨을 잠시 유지하였다가 천천히 물줄기를 뿜듯이 좌에서 우로 고개를 180도 돌리며 '뿌' 소리를 일정한 거리의 목표점으로 보낸다. 오른쪽으로 고개가 멈춰진 상태에서 숨이 들어가게 하고 서서히 물줄기를 뿜듯이 90도 곡선을 그리며 숨이 나가면서 '뿌~' 소리를 내며 전면을 응시한다. 3회 반복하고 좌우를 바꾸어 3회 훈련한다.

④ 전면을 응시하고 오른팔을 전방 앞으로 들어 숨을 깊이 들어가게 하고 물줄기를 뿜듯이 '뿌~ ' 소리와 함께 손끝으로 음성이 나가는 상상을 하면서 팔과 고개를 함께 90도 오른쪽으로 이동한다. 그 상태에서 숨이 들어가게 하고 '뿌' 소리와 함께 전면으로 팔과 고개를 이동한다. 3회 반복한다. 왼팔도 동일하게 훈련한다. 팔을 사용하여 더욱 명료하게 음성을 보내는 훈련을 함으로써 발성에 필요한 호흡력과 성대근 등을 강화한다.

5) 흉강공명(胸腔共鳴)

이 훈련은 흉강 공명을 얼마나 음성 발화에 사용할 수 있느냐에 달려있는데 숨이 들어간 상태에서 횡격막을 최대한 지지하면 후두의 위치가 하강하여 성도의 길이가 길어지므로 성대 접촉이 원활하고 공명 현상이 극대화된다. 이를 통해 깊고 풍부한 음성으로 확장하도록 한다.

흉강공명(胸腔共鳴) 훈련

흉강공명(胸腔共鳴)은 가슴 부위에 음성이 진동하는 것을 느끼면서 횡격막을 지지하고 흉강의 울림을 사용하는 훈련이다.

〈흉강공명 훈련〉

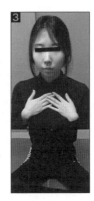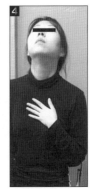

① 바른 자세로 서서 골반까지 숨이 들어오게 한다. 고개를 아래로 숙이며 입안에 공간을 만들어 볼을 부풀리며 '뿌~' 소리와 함께 숨을 나가게 한다. 이때 머리의 중력을 느끼며 뒷목을 이완한 상태에서 가슴에서 울리는 흉강 공명을 훈련한다. 같은 자세에서 3회 반복하고 마지막 숨에 고개를 원위치하면서 소리를 울린다.

② 고개를 숙인 상태에서 골반까지 숨이 들어오게 하고 두 손으로 잡은 흉강 공간을 울리며 나가는 숨에 '음~' 소리로 허밍하면서 천천히 내보낸다. 3회 반복한다.

③ 바른 자세로 앉아 손을 가슴 위에 대고 호흡의 흐름을 인식한다. 들어오는 호흡의 양과 질감 등을 세밀하게 느끼며 복부 아랫부분부터 숨을 채우는 느낌으로 숨이 들어오게 하고 흉강을 울리며 '음~아~' 소리로 변화

3장. 공감각적 보이스 액팅 훈련

시키며 숨을 목표점까지 나가게 한다. 3회 반복한다.

④ 바른 자세로 앉아 가슴에 손을 대고 고개를 뒤로 젖힌다. 턱을 이완하고 혀를 편안하게 놓는다. 숨을 골반까지 들어 오게 하고 가슴 울림을 느끼며 '허~' 소리를 천장의 목표점까지 보낸다. 3회 반복한다. "푸른 하늘" "끝이 안 보이는 갈대숲" 등 단어나 문장의 이미지를 떠올리며 흉강진동을 느끼며 훈련한다.

(6) 복강공명(腹腔共鳴)

복강공명(腹腔共鳴)은 신체 내부의 깊은 곳에서 울림 감각을 느끼며 어떤 부분에서 공명의 유지와 확장이 이루어지는지 또 어느 부위에서 공명의 막힘이 생기는지 관찰한다. 복강공명은 낭독의 다양한 상황에서 근원적인 공감각적 울림 상태를 구축한다.

복강공명(腹腔共鳴) 훈련

공감각적 보이스 액팅 기본 훈련에서 복강공명(腹腔共鳴)은 호흡과 발성을 연속적으로 수행함과 동시에 횡격막과 골반 사이의 공간을 울린다는 인식을 함으로써 음성의 중심을 몸에 익히는 훈련이다.

〈복강공명 훈련〉

① 오른 손바닥을 배에 두고 왼손은 등에 대어 숨이 들어옴에 따라 신체의 움직임을 인식한다. 어깨의 긴장을 내려놓고 숨을 잠시 유지한 뒤 나가는 숨에 '허허허~' 소리를 짧게 끊어 내며 손바닥 부위가 울린다고 생각하며 소리를 보낸다. 목표 지점을 설정하고 단어나 문장을 보내는 훈련을 실시한다.

② 누운 상태에서 두 무릎을 가슴 쪽으로 당기고 두 팔을 얼굴 위쪽으로 둥글게 원을 만들어 올린다. 숨이 꼬리뼈까지 가도록 인식하고 '아~' 소리와 함께 팔의 원을 통해 복부의 공명으로 호흡을 내보낸다. 팔을 동그랗게 만든 동작은 '아' 입모양을 형상화한 것으로 확장된 입을 시각적으로 느끼며 '아' 음성을 공명해서 소리를 목표점까지 보내도록 한다.

③ 무릎을 꿇고 팔을 앞으로 쭉 뻗어 손을 위자 위에 올린다. 머리와 어깨의 힘을 뺀 상태에서 고개를 숙이고 숨이 발끝까지 들어간다고 생각하고 나가는 숨에 '후~' 소리를 내며 복강을 울린다. 이 상태에서 한 페이지 정도의 오디오북 텍스트를 준비해 바닥에 두고 복강공명을 활용하여 낭독 훈련한다.

④무릎을 꿇고 동그랗게 몸을 말아 신체가 공처럼 둥글게 되도록 하고 몸전체로 복강의 울림이 퍼지도록 공명 훈련을 한다. 나가는 숨에 '음~' 소리를 내며 허밍하고 이어 한 음절 혹은 단어나 암기하는 문장을 복강공명을 인지하며 훈련한다.

(7) 형상발음(刑象發音)

낭독자의 발음이 불분명하다면 오디오북 텍스트의 내용을 정확하게 전달하기 어려울 뿐 아니라 텍스트에 내재되어 있는 감정을 표현하는데에도 영향을 미친다. 또한 오디오북의 장르나 텍스트의 인물에 따라 변화되어야 하는 낭독자의 역할에 있어 발음은 매우 중요한 요소이다. 장르와 인물에 따라 발음이 변화되기 때문이다.

이러한 발음훈련을 위해 선행되어야 할 훈련은 신체를 바로 세운 상태에서 몸의 긴장을 없애고 아래턱의 힘을 빼고 혀 뒤쪽 근육과 연구개 부분을 이완하고 입안의 공간을 확장한다. 이어 입안과 후두부가 하나로 연결되어 있음을 인지하며 입술 근육과 혀 근육의 긴장을 풀어주는 훈련을 한다. 잘못된 발음은 오디오북 텍스트의 의미 전달에 매우 큰 영향을 미치므로 형상에 따른 정확한 발음 훈련이 필요하다.

형상발음은 동양철학의 근본인 음양오행(陰陽五行)에 토대를 두는데 하루를 기준으로 낮과 밤이 바뀌는 음양(陰陽) 운동과 한 해를 주기로 계절이 바뀌는 오행(五行) 운동의 기본 원리이다. 한글은 소리는 물론 글자 모양에도 음양오행 원리가 적용되는데 모음에는 음양의 원리가 자음에는 오행의 원리가 내포되어 있다. 이러한 원리를 이해하며 발음할 수 있도록 손으로 조음기관을 형상화하여 자음과 모음의 위치를 정확하게 훈련한다.

형상(刑象)발음 훈련

공감각적 보이스 액팅 기본 훈련에서 형상(刑象)발음은 낭독자가 텍스트의 의미와 내용을 정확히 전달하기 위한 필수 훈련이다.

조음점에 따른 정확한 발음 구사를 위해 호흡과 발성 및 공명의 조화를 이루며 입안의 공간, 입술과 혀, 아래턱 등의 움직임을 인지하고 형상화 하면서 훈련한다. 예를 들어 얼굴 볼에 손을 대고 입안을 투시하듯이 손바닥으로 혀의 모양과 위치를 가시화하며 형상발음을 훈련한다.

〈형상발음 훈련〉

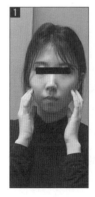

① 아래턱 주변을 손가락 끝으로 둥글게 마사지하여 얼굴 근육의 긴장을 풀어준다. 이때 손가락 끝과 얼굴 피부 감각을 느끼며 귀 아랫부분의 근육을 손가락으로 마사지한다. 아래턱을 살짝 내리고 입을 살짝 열고 '아~' 소리를 작게 시작해서 점점 큰소리로 목표점까지 보낸다.

② 혀의 긴장을 풀기 위해 '아르르르르~' 혀 트릴을 하고 입술 근육을 이완시키기 위해 '푸르르르~' 입술 훈련을 한다. 볼에 공기를 넣어 돌리며 연구개를 확장시킨 후 연구개와 목젖을 붙였다 떨어뜨리는 훈련을 실시한다.

③ 신체를 바로 정렬하고 서서 깊은 호흡을 통해 몸의 긴장을 제거한다. 두 손을 얼굴 앞에 두고 두 손 사이로 소리가 나간다고 생각하며 '아' 모음을 손으로 형상화하여 둥글게 만들고 그 사이로 '아' 소리를 목표점까지 길게 보낸다. 이어 '가가가' '게게게' '케케케' 소리를 보내는 훈련을 한다.

④ 발음에 따라 움직이는 턱과 혀의 변화 부분을 손으로 형상화 하며 훈련한다. 자음과 모음에 조음점에 따라 한 손으로 혀의 모양과 위치를 가시화시키며 훈련하고 음절의 발음을 자음과 모음으로 분리하여 훈련한 뒤 통합하여 발음훈련한다.

3) 감정표현 훈련

감정은 정서(affect)와 기분(mood) 및 느낌(feeling)의 심리적 상태이다. 영국의 감정 철학자 골디(Peter Goldie)는 감정이 인간의 마음과 신체가 결합된 복잡한 현상이라고 말했으며 감정을 경험할 때, "신체적 느낌과 대상 지향적인 정신적인 상태를 동시에 하나처럼 느낀다"고 했다. '감정'은 감각적으로 경험하며 행위 준비성을 증진시키고 특별한 행위를 지향하도록 신체와 연결되는데 슬픈 감정이 생기면 눈물이 나고 분노하면 울컥하여 주먹을 쥐는 것처럼 감정은 행동으로 표현된다. 또한 감정을 제대로 표현하려면 감정을 통제하는 것이 아니라 자신이 어떤 감정을 느끼는지 무엇을 하는지 감정의 자연적 흐름을 스스로 어떻게 방해하고 있는지 자각할 수 있어야 한다.

서양 철학 분야에서는 오랜 기간 동안 감정에 대한 다양한 견해가 존재해 왔다. 예를 들어 플라톤은 감정을 '마음의 변화'라고 인식하고 주위의 상황 및 생각의 변화 등을 감정을 일으키는 주된 요인이라고 하였다. 즉 플라톤은 감정을 주위 환경과 영혼의 다른 작용으로 발생하는 마음의 상태로 간주했다. 이에 반해 근대 철학자 칸트(Immanuel Kant)는 감정이 신체와 연관된 점에 주목하였다. 그것이 상상에 의해서든 아니면 감각기관을 통해 수용된 자극에 의해서든 칸트는 감정의 양상이 결국 신체적이며 감정의 표현은 일차적으로 자신의 감정을 무의식적으로 보여주는 '자기 지시적' 행위라고 하였다. 공감각적 보이스 액팅 훈련에서 감정표현은 형이상학적으로 간주되던 '감정'의 문제를 신체 동작과 접목하여 형상화한다. 따라서 오디오북 텍스트를 낭독할 때 느껴지는 감정을 행동으로 움직이며 보이스에 담아 공감각적으로 표현하는 훈련을 한다.

감정 7단계 순환체계

공감각적 보이스 액팅 기본 훈련 중 감정표현 훈련에서는 낭독자의 감정을 감정인지(感情認知), 감정동화(感情移入), 감정충동(感情衝動), 감정표출(感情表出), 극대화된 감정표출(感情表出), 감정조절(感情調節), 감정치유(感情治癒)로 7단계로 나누어 감정 순환체계를 설명하였고 각 단계에 맞는 신체훈련 동작을 제시하였다. 이러한 감정순환 체계는 텍스트를 접하는 순간 동시에 느껴지는 복합적 작용으로 분리하여 훈련하는 과정을 통해 감정의 작용을 구체적으로 관찰하도록 한다.

〈감정 7단계 순환체계〉

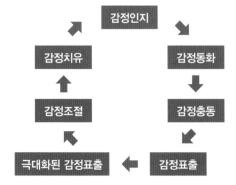

(1) 감정인지(感情認知)

낭독자의 내면에서 느끼는 감정은 다양하고 세밀하다. 낭독자는 일차적으로 자신의 감정을 인식하는 과정이 선행되어야 한다. 따라서 먼저 자신의 감정을 정확히 발견하고 분류하는 과정이 필요한데 이와 연관된 표현들은 다음과 같다.

〈인간의 감정과 연관된 표현〉

감정	연관된 감정 표현
행복	즐거운, 너무 기쁜, 좋은, 흥분된, 열정적인, 감사한
두려움	무서운, 불안한, 겁을 먹은, 떨리는, 긴장된, 소름 끼치는
혼란스러움	당황스러운, 불안한, 어찌할 바 모르는, 괴로운, 머뭇머뭇하는
슬픔	우울한, 낙담한, 울적한, 어두운, 의기소침한, 낙담한
기쁨	기발한, 즉흥적인, 자유로운, 순수한, 창의적인, 살아있는
우울	의미 없는, 희망 없는, 위축되는, 귀찮은, 지치는, 힘이 없는
분노	화가 난, 분개한, 짜증난, 격심한, 괴로운, 답답한, 격분한
사랑	애정 어린, 따뜻한, 부드러운, 친절한, 다정한, 정다운
평화	여유로운, 고요한, 안정적인, 평온한, 잔잔한, 마음 편안한

이러한 요소들은 낭독자의 감정에 직, 간접적으로 반영되어 오디오북 텍스트 형상화를 위한 공감각적 보이스에 절대적인 영향을 미친다. 낭독자 자신이 텍스트에 몰입하기 위해서는 우선 자신의 감정을 정확히 인지하는 과정이 선행되어야 한다. 즉 낭독자가 현재 느끼는 감정을 객관적으로 관찰하고 자세히 살피며 이러한 감정이 왜 생겼는지 인지하도록 한다.

감정인지(感情認識) 훈련

공감각적 보이스 액팅 기본 훈련에서 감정인지(感情認識)는 자신의 감정을 인식하기 위해 자신의 중심에서 나오는 에너지를 느끼며 무의식의 세계와 만나는 훈련이다. 이러한 감정인지를 위한 훈련에서는 행복, 두려움, 혼란스러움, 슬픔, 기쁨, 우울, 분노, 사랑, 평화 등 인간의 공통된 감정 중 일부를 적용하였다.

〈감정인지 훈련〉

① 편안한 상태로 누워 몸과 마음에 남아있는 감정을 나가는 호흡에 실어 보낸다. 이 동작에서는 무념무상(無念無想) 상태에서 심신의 에너지 흐름을 일정하고 평온하게 느끼며 호흡한다.

② 양 무릎을 천장 쪽으로 올리고 발바닥을 지면에 닿게 한다. 두 손을 머리 위로 올려 정수리 위에서 깍지를 낀 상태에서 바닥에 닿은 신체 부위를 하나하나 인지하며 자신의 감정을 구체적으로 관찰한다.

③ 무릎을 가슴 쪽으로 끌어당기면서 깍지 낀 손으로 무릎을 감싸 앉는

다. 따뜻한 감정을 느끼며 숨을 들어오게 하고 '후~' 소리를 내며 호흡을 나가게 한다. 예를 들어 초등학교 시절 추운 겨울에 집으로 돌아오니 따뜻하게 안아주시던 할머니의 품을 떠올리며 그 감정을 인지한다.

④ 옆으로 누워 오른손 바닥과 왼손 바닥을 포개고 양 무릎을 구부린다. 울적한 감정을 온몸으로 인식하며 호흡이 들어오게 하고 '하~' 소리와 함께 호흡을 나가게 한다. 예를 들어 고등학교 때 시험 스트레스로 마음이 답답했던 기억을 떠올리며 그 감정을 인지한다.

(2) 감정동화(感情同化)

감정동화(感情同化)는 낭독 과정에서 텍스트의 감정이 전이(轉移)되어 낭독자의 내면으로 형상화되는 감정 변화의 단계이다.

낭독자의 감정을 보다 구체적으로 이입할 수 있도록 케이트 헤브너의 '감정 형용사'를 감정동화에 활용하였다. '감정형용사'는 범주화된 감정 형용사들을 배열함으로써 감정의 미세한 동화를 구체적으로 형상화 시킨다.

〈인정 형용사 단어 분류(케이트 헤브너)〉

merry(명랑한)	vigorous(박력있는)	lyrical(서정적인)
dreamy(몽환적인)	pathetic (연민을 불러일으키는)	spiritual(영적인)
restless(쉴새없는)	serene(고요한)	dramatic(드라마틱한)
sacred(성스러운/종교적인)	robust(강한)	bright(밝은)
lofty(고상한)	frustrated(좌절한)	awe-inspiring (경외심이 드는)
humorous(유머러스한)	sentimental(감상적인)	depressing(울적한)
impetuous(격렬한)	exhilarated (기분이 들뜬)	tranquil(평화로운)
leisurely(여유로운)	sensational(센세이셔널한)	soaring(날아오르는)
martial(호전적인)	quiet(조용한)	fanciful(공상적인)
dignified(위엄있는)	emphatic(단호한)	majestic(장엄한)
ponderous(육중한)	playful(장난끼 있는)	tragic(비참한)
joyous(기쁜)	longing(동경하는)	mournful(애처로운/애 도적으로 슬픈)
doleful(서글픈)	solemn(엄숙한)	sad(슬픈)
sprightly(기운찬)	yielding(양순한)	melancholy (멜랑콜리한)
graceful(우아한)	triumphant(승리한)	whimsical(변덕스러운)
sober(감정적이지 않은)	passionate(열정적인)	satisfying(만족스러운)
cheerful(즐거운)	dark(음울한)	gloomy(침울한)
gay(쾌활한)	soothing(위로하는)	exalting(찬양하는)
heavy(짓누르는)	serious(진지한)	happy(행복한)
yearning(열망하는)	quaint(기묘한)	agitated(동요된)
pleading(항변하는)	tender(부드러운)	plaintive(푸념하는)
delicate(섬세한)	exciting(흥분시키는)	light(가벼운)

감정동화(感情同化) 훈련

공감각적 보이스 액팅 기본 훈련에서 감정동화(感情同化) 훈련은 낭독자가 텍스트의 감정을 보다 구체적으로 느끼며 음성으로 형상화 시키기 위한 훈련이다.

낭독자가 감정을 정확하게 인지해 효율적으로 감정동화(感情同化) 훈련을 한다면 텍스트가 표현하려고 하는 감정을 낭독자의 음성을 통해 공감각적으로 형상화하는데 도움을 줄 것이며 모호한 감정을 명확하게 인식하고 텍스트 의미에 맞는 감정에 동화될 수 있다.

〈감정동화 훈련〉

① 의자에 앉아 척추를 바로 세운다. 발바닥 전체가 지면에 닿도록 한다. 숨의 길을 따라 내면의 감정을 인식하고 "후~" 하는 호흡을 통해 무아의 상태가 되게한다. 모든 신체 에너지가 균형을 이룬 무의식 상태를 느끼며 3회 호흡한다.

② 상체를 구부린 상태에서 슬픈 감정을 동화시키며 동작으로 형상화한다. 그 감정으로 슬픈 호흡이 들어오게 하고 "허~" 소리를 내며 슬픈 감정의 숨을 내보낸다.

③ 바닥에 누워 두 무릎을 천장쪽으로 구부리고 발바닥을 지면에 닿게 한다. 두 팔과 손도 지면에 놓은 상태에서 외로운 감정의 호흡이 들어오게 하고 그 동화된 감정과 함께 "허~" 소리를 내며 숨을 내보낸다.

④ 팔을 양 옆으로 들어올린 상태에서 위압적인 감정을 동작으로 형상화시킨다. 그 동화된 감정으로 숨이 들어가게 하고 '허~' 소리를 내며 왼쪽으로 상체를 90도 틀면서 위압적인 숨을 나가게 한다. 감정동화를 훈련한다.

(3) 감정충동(感情衝動)

공감각적 보이스 액팅 기본 훈련 중 감정충동은 감정을 느낀 만큼 감정과 함께 호흡이 즉각적으로 몸 안에 들어오고, 그 호흡이 나가며 공감각적 음성으로 표현된다. 충동은 내적인 행동을 부르고, 내적인 행동은 경우에 따라 외적인 행동을 부른다.

충동은 낭독자의 원초적인 에너지로서 반사적 호흡 작용을 일으키며 발성에도 영향을 미친다. 일반적으로 낭독자의 발성은 의사전달을 하고자 하는 내적 충동에 의해 일어나는데 언어 기관을 조절하는 근육들에 영향을 미친다. 그러므로 즉각적으로 나타나는 감정의 변화 또는 낭독 시 느껴지는 감정의 반응을 감정충동으로 구분하였다. 따라서 감정충동은 상황에 따른 신체적 반응 또는 행동과 함께 나오는 자연스러운 발성 과정이다.

감정충동(感情衝動) 훈련

감정충동은 낭독자가 전달하고자 하는 감정이 상황에 따라 느껴지는 자연스럽고 즉각적인 신체적 반응으로, 텍스트를 보고 떠올려지는 이미지나 감각들이 뇌에서 충동적으로 반응하여 음성으로 표현되는 훈련이다.

〈감정인지 훈련〉

① 손바닥으로 부드러운 천을 쓰다듬으며 행복한 감정을 충동적이고 감각적으로 느껴본다. 들어오는 호흡에 행복한 감정을 싣고 손에 느껴지는 공감각적 느낌과 함께 나가는 호흡에 "하~" 소리를 내보낸다. 예를 들어 사랑하는 강아지가 꼬리를 흔들며 품 안으로 들어와 행복한 감정으로 강아지의 부드러운 털을 쓰다듬는 상상을 하며 감정충동 훈련을 한다.

② 축구장에 있다고 상상하며 멋진 선수가 선물한 공을 받고 기뻐하는 감정을 충동적으로 느낀다. 기쁜 숨이 들어가게 하고 "하~" 소리와 함께 기쁜 감정을 내보낸다.

③ 머리를 앞으로 숙이며 서글픈 감정 충동을 느껴본다. 허리를 구부리며 지면에서 느껴지는 손바닥의 진동과 함께 "후~" 소리를 내보낸다. 예를 들어 시험에 떨어진 재수생의 서글픈 비애를 느끼며 감정충동 훈련을 한다.

④ 들어오는 호흡에 어이없는 감정을 떠 올리고 그 충동을 느끼며 "허~" 소리와 함께 호흡을 내보낸다. 예를 들어 황당한 일을 경험했을 때를 떠올리며 감정충동 훈련을 한다.

(4) 감정표출(感情表出)

감정은 외부와 내부 요인에 의해서 유발되는 복합적인 현상이다. 이렇게 생성된 감정은 어떠한 특정 감정 상태에 이르러 신체로 표출된다. 충동과 동시에 발생하는 이러한 외부적 요소는 표정을 비롯해 다양한 외부 움직임으로 나타난다. 감정이 표출되는 얼굴표정과 신체의 움직임은 마음속의 생각과 심리상태가 겉으로 드러난 것을 말하는데 무의식적이거나 의식적일 수 있는 감정 상태를 즉각적으로 보여준다. 오디오북 낭독에 있어 문자화된 텍스트의 감정을 공감각적 음성으로 표현하기 위해 얼굴 표정을 활용하는 것은 매우 효율적이다. 얼굴 표정은 근본적으로 감정 전달의 기능을 하며 피부, 입술, 눈꺼풀 등을 움직이게 되는데 표정으로 드러나는 얼굴의 안면근은 마음 상태나 감정에 밀접하게 연결되어 있다. 또한 움직임을 나타내는 행동은 인간의 감정과 행동의 상관관계를 보여준다. 낭독자의 음성으로 텍스트의 감정이 청자의 마음속에 잘 전달될 수

있도록 동사의 형태로 움직임을 표현할 수 있는 윌리엄 볼의 행동
동사 목록을 활용하여 훈련에 적용하였다.

<윌리엄 볼의 행동동사>

Actable	hurt 아프게하다, incite 조장하다, encourage 격려하다 lambast 꾸짖다, explain 설명하다, organize 정리하다 destroy 파괴하다, inspire 고무하다 enlighten 깨우치다, cheer up 격려하다 reassure 안심시키다, justify 정당화시키다 mock 조롱하다, suppress 억압하다 crush 쭈그러뜨리다, prepare 준비하다 ensnare 함정에 빠트리다, tease 놀리다
Intellectual	reciprocate 응답하다, atone 속죄하다, glean 얻다 repudiate 거부하다, reign 다스리다, blame 탓하다 mollify 달래다, obfuscate 혼란스럽게 만들다 ruminate 심사숙고하다, reinstate 복귀시키다 postulate 상정하다, avow 맹세하다 accomplish 성취하다, adjust 조정하다 narrate 이야기를 하다, impugn 의문을 제기하다 avenge 복수하다
Behavioral or Conditional	walk 걷다, sneeze 재채기하다, cry 울다, laugh 웃다 shout 소리치다, run 뛰다, recover 회복되다 eat 먹다, sleep 자다, sit 앉다, stand 서다 fear 무서워하다, like 좋아하다, endure 인내하다 hiccough 딸꾹질을 하다, belch 트림하다 wait 기다리다, see 보다

Existential	think 생각하다, use 사용하다, try 노력하다 be 존재하다, live 살다, exist 존재하다 die 죽다, become ~되다, create 창조하다 do 하다, need 필요로 하다, intend 의도하다 hope 희망하다, love 사랑하다 happen 발생하다, begin 시작하다

감정표출(感情表出) 훈련

공감각적 보이스 액팅 기본 훈련에서 감정표출(感情表出) 훈련은 텍스트에 내재된 감정을 자연스럽게 표출하는 과정이다. 이에 일상에서 접할 수 있는 다양한 감정을 감정표출 동작으로 선별하였고 윌리엄 볼의 행동 동사 목록을 활용하여 감정 표출 훈련에 적용하였다.

〈감정표출 훈련〉

① 〈사랑하다〉 두 팔을 머리위로 올리며 숨이 들어가게 하고 사랑하는 감정과 함께 하트모양의 동작을 만든다. "사랑해요~"라고 말하며 숨을 내보낸다. 예 를 들어 50년 동안 동고동락한 노부부가 벤치에 앉아 평온한 감정을 느끼며 "사랑해요~"라고 대사하며 감정표출 훈련을 한다.

② 〈혼란스럽다〉 머릿속이 복잡하고 불안한 심정을 표출한다. 두 손으로 머리를 붙잡고 불안한 숨이 들어가게 하고 "혼란스러워~"라고 말하며 숨을 내보낸다. 예를 들어 스케줄 정리가 되지 않아 같은 날에 몇 가지일정이 겹친 상황에서 "혼란스러워~"라고 대사하며 감정표출 훈련을 한다.

③ 〈비통해 하다〉 억울하고 노여움에 찬 감정을 표출한다. 무릎을 꿇고 앉아 고개를 위로 젖히며 비통한 감정으로 숨이 들어가게 하고 하늘을 보며 "비통하다~"라고 말하며 숨을 내보낸다. 예를 들어 부모님의 원수를 갚기 위해 오랜 시간 수련하고 돌아와 보니 원수가 죽어 있어 복수를 할 수 없는 상황에서 "비통하다~"라고 말하며 훈련한다.

④ 〈울다〉 두손으로 얼굴을 감싸고 숨이 들어오게 하고 고개를 숙이며 슬픈 감정을 표출하면서 "잘가~"라고 말하며 숨이 나가게 한다. 집에서 기르던 강아지가 죽어서 슬픈 감정을 느끼며 "잘가~"라고 울며 감정표출 훈련을 한다.

(5) 극대화된 감정표출(感情表出)

극대화된 감정표출(感情表出)은 텍스트를 격동적으로 전달하는 중요한 요소로서 일상의 감정을 넘어 내재된 강한 감정이나 극적인 감정을 표현한다.

극대화된 감정표출(感情表出)을 위해 표정과 몸짓을 사용하게 되면 자연스럽게 감정이 극대화되어 음성으로 나타날 수 있다. 극한 표정의 특징을 보면 눈 주변 근육들을 활용해 눈을 부릅뜨고 노려보는 움직임이 분노로 표현되며 강한 분노를 느끼는 경우는 다른 부위의 근육들도 모두 극대화 되어 작동하는데 입 주변의 근육들은 더 큰 변화를 보인다. 분노를 유발하는 존재 쪽으로 얼굴과 몸을 가까이 가져가 마치 주먹질이라도 할 것처럼 가상 제스처를 보이거나 주변 물건을 던지는 등 파괴적 행동과 양손 주먹 쥐기 등 위협적이고 공격적인 몸짓이 나타난다. 텍스트의 장르에 따라 낭독자는 극대화된 감정을 표현해야 하는데 이를 위해 마리나 칼도로네와 매기 로이드–윌리엄스의 행동 동사 목록을 활용하여 표정과 동작을 음성과 결합하여 극대화된 감정표출 훈련을 한다.

〈마리나 칼도로네와 매기 로이드-윌리엄스의 행동동사〉

NURTURING 보살피는

Loving 사랑하는, Encouraging 격려하는, Supporting 지지하는 accept 받아들이다, baptise 세례를 주다, calm 진정시키다, defrost 녹이다, emancipate 해방시키다, fan 부채질하다, gladden 기쁘게 하다, hallow 신성하게하다, jolly 즐겁게 하다, kindle 불붙이다, massage 안마를 하다, name 명명하다, ornament 장식하다, pacify 진정시키다, ravish 황홀하게하다, absolve 용서하다, befriend 친구가 되어주다, cajole 회유하다, elate 고무하다, greet 받아들이다, habituate 습관이 되다, ignite 점화되다, kindle 불붙이다, organise 체계화하다, permit 허락하다, quicken 활발하게 하다, rally 결집하다, second 재청하다, urge 권고하다, back 뒤로 물러서다, carry 휴대하다, defend 옹호하다, embed 파견하다, fix 정하다, generate 발생시키다, hail 묘사하다, inoculate 접종하다, keep 유지하다, navigate 항해하다, obey 복종하다, pardon 사면하다, ratify 재가하다, safeguard 보호하다, toast 건배하다

USING 이용하는

Manipulating 조종하는, Deceiving 기만하는, Disturbing 방해하는, allure 꾀어내다, bait 미끼를 놓다, change 변화시키다, dazzle 눈부시게 하다, hog 독차지하다, judge 판단하다, manipulate 조작하다, negate 부인하다, operate 조작하다, ration 제한하다, sabotage 파괴하다, tempt 부추기다, vet 조사하다, bamboozle 헷갈리게 만들다, cheat 속이다, deceive 기만하다, entrap 함정에 빠뜨리다, flatter 아첨하다, hoax 장난질하다, kid 농담하다, lampoon 풍자하다, malign 비방하다, pilfer 빼돌리다, rag 놀리다, snare 덫으로 잡다, undercut 저가로 팔다, badger 조르다, concern 영향을 미치다, daze 현혹시키다,

elude 빠져나가다, goad 못살게 굴다, incense 격분하게 하다, jolt 충격을 주다, menace 위협하다, nag 바가지를 긁다, query 질의하다, rattle 덜컹거리다, segregate 차별하다, uncover 적발하다, vex 성가시게 하다

DAMAGING 해를 끼치는

Discourage 낙담시키는, Harming 해치는, Destroying 파괴하는
ban 금지하다, enervate 기력을 떨어뜨리다, gag 입을 막다, halt 중단시키다, ignore 무시하다, leave 그만두다, manacle 족쇄를 채우다, nettle 화나게 하다, obscure 모호하게 하다, pan 혹평하다, rebuff 거절하다, sadden 슬프게 하다, thwart 좌절시키다, abduct 납치하다, bang 때리다, castigate 혹평하다, damage 훼손하다, eject 쫓아내다, fatigue 지치게 만들다, gash 베이다, harass 괴롭히다, jade 혹사하다, madden 미치게 만들다, paralyse 마비시키다, raid 불시에 들이닥치다, saddle 안장을 얹다, tackle 따지다, violate 위반하다, abolish 폐지하다, banish 추방하다, conquer 정복하다, deck 꾸미다, efface 지우다, finish 끝내다, hack 난도질하다, immolate 화형 시키다, nullify 무효화하다, obliterate 없애다, quash 진압하다, ransack 뒤집어엎다, sabotage 파괴하다, terminate 종료하다, vanquish 완파하다

극대화된 감정표출(感情表出) 훈련

공감각적 보이스 액팅 기본 훈련에서 감정의 강도가 매우 크며 감정 상태가 비교적 오래 지속되는 상태를 극대화된 감정표출로 구분하였다. 이 과정에서 극대화된 감정의 충동과 감각에 주의를 집중하여 표정과 동작과 함께 훈련한다.

〈극대화된 감정표출 훈련〉

① 〈쫓아내다〉 격노한 감정으로 사람을 내 쫓는 감정을 표출한다. 팔과 다리를 교차시키며 호흡과 함께 감정을 들어오게 하고 대사를 감정과 동작, 호흡과 표정과 함께 내보낸다. 〈청혼〉(안톤체홉) 중에서 츄브코프의 대사를 적용한다. "이제 다시는 내 집 앞에 얼씬거리지도 말게!" 라고 대사하며 그 감정을 극대화시켜 표출한다.

② 〈호소하다〉호소의 감정으로 숨을 들어가게 하고 대사를 하며 숨을 내보낸다. 무릎을 꿇고 고개를 숙인 상태에서 〈햄릿〉(셰익스피어) 중에서 오필리어 대사 중 (십자가 앞에 무릎을 꿇고) "아 천사들이여 저분을 구원해 주옵소서" 라고 대사를 하며 그 감정을 극대화시켜 표출한다.

③ 〈죽다〉죽겠다는 감정으로 숨을 들어가게 하고 대사를 하며 숨을 내보낸다. 〈청혼〉(안톤체홉) 중에서 나탈리아의 대사를 적용한다. "나 죽어요~ 빨리 그를 불러줘요." 대사를 하며 그 감정을 극대화시켜 표출한다.

④ 〈크게 웃으며 소리치다〉 활짝 웃는 감정으로 숨이 들어가게 하고 대사를 하며 숨을 내보낸다. 두 팔을 번쩍 들으며 〈세자매〉(안톤체홉) 중에서 뚜젠바흐 대사를 적용한다. (웃는다) "브라보, 브라보 여러분 시작

3장. 공감각적 보이스 액팅 훈련

하시죠. 제가 연주하겠습니다~" 라고 대사를 하며 그 감정을 극대화시켜 표출한다.

(6) 감정조절(感情調節)

일반적으로 감정을 지나치게 통제하면 무감각하게 적응될 수 있고 감정이 잘 표현되지 못하면 욕구불만에 빠질 수 있다. 따라서 감정은 '억제'가 아니라 '조절' 혹은 '절제'가 필요하며 불편한 감정을 무조건 억압하고 회피하기 보다는 그 감정을 인정하고 건강하게 해소시키는 것이 중요하다. 따라서 낭독자는 평소에 자신의 감정을 관찰하고 조절하는 방법을 습득해 낭독 시 적용하도록 하고 낭독에 있어 감정이 복잡하거나 너무 극대화될 때에도 텍스트의 범위와 의미내에서 낭독자의 감정 조절이 요구된다.

로버트 플러칙의 감정 휠

로버트 플러칙은 인간이 가지고 있는 복합 감정에 대해 다음과 같은 이론을 제시하였다.

〈로버트 플러칙의 감정 휠(Robert Plutchik's wheel of emotions)〉

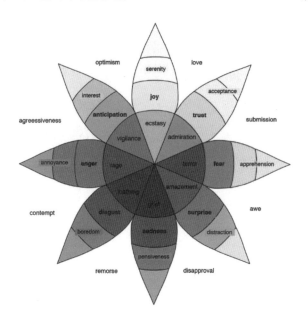

감정은 아주 미묘하고 복잡한데 커다란 감정의 범주가 생기기까지 내면에 심층적으로 쌓이는 감정이 있다. 플러칙은 일차적 정서가 혼합되어 이차적 정서를 만들어 낸다는 전통적 방법에 대해 보다 경험적이고 구체적인 자료를 제시하였다. 즉 서로 다른 감정들이 혼합 과정을 통해 연결될 수 있다는 사실로서 일차적 정서로 불리는 기본 감정을 합성한 혼합 감정은 각기 다른 감정을 나타내는 두개의 단어를 더했을 때 나타나는 또 다른 감정이다. 원뿔 모양을 하고 있는 감정의 구조물로 가깝게 배치되어 있는 컬러 휠에 위치

한 감정들은 서로 비슷하고 유사한 방식으로 나타나며 180도 반대
쪽에 위치하고 있는 감정은 보색대비의 다른 색상과 반대의 감정
이다. 비슷한 컬러 사이의 감정 또한 유사한 감정으로 연결되어 있
다. 감정은 외부적인 요인으로 유발되는 일시적인 기분을 말하고,
그 기분이 오래 지속되면 정서가 만들어진다. 그렇기 때문에 컬러
가 나타내는 감정의 강도의 세기마다 감정 반응이 다르게 나타난
다. 휠 안에 있는 감정은 원뿔 밖에 있는 감정이 형성되기 위하여 만
들어지는 필요 감정이다.

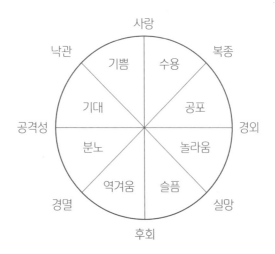

예를 들어, 평온과 수용의 감정이 합쳐지면 사랑이라는 감정이
형성되고 수용과 불안의 감정이 합쳐지면 순종의 감정이 형성되며
불안과 혼란의 감정이 합쳐지면 경외심이라는 감정이 형성된다. 경

외심은 불안과 혼란, 두려움과 놀람 공포와 깜짝 놀람의 감정 등을 포함하고 있으며 실망이나 반감의 감정에는 그 범주 안에 혼란과 수심, 놀람과 슬픔, 깜짝 놀람과 비탄의 감정이 들어 있고 회한의 감정이 일어나기까지 지루함과 수심, 슬픔과 메스꺼움, 혐오와 비탄의 감정이 속해 있다. 원에서 보여 지는 것과 같이 감정은 아주 미묘하고 복잡한 관계 속에서 커다란 감정의 범주가 생기기까지 그 내면에 심층적으로 쌓이는 감정들이 있음을 알 수 있으며, 감정은 평면적이지 않고 입체적이며 한 가지 감정으로 설명하기 어렵다. 위에서 말한 플러칙의 감정 이론과 관련해서 인간의 감정은 내면에서 신체의 변화를 유발시킨다. 물론 감정이라는 것은 그 실체를 눈으로 확인할 수는 없지만, 감정은 인간의 신체적인 반응에 대한 현상을 반드시 동반한다. 감정은 육체와 연결되어 외부적으로 드러나는 현상이기 때문에 감정이 표면적으로 나타난다는 사실을 스스로 인지할 수 있으며 이러한 복합 감정을 이해하고 조절하는 훈련이 필요하다.

감정조절(感情調節) 훈련

공감각적 보이스 액팅 기본 훈련에서 감정조절(感情調節) 훈련은 청자의 수용 정도에 따라 차이는 있지만 낭독자의 감정이 텍스트의 흐름보다 더 크게 표현되었을 경우 청자의 감동을 방해 할 수 있는 요소가 될 수 있으므로 절제의 미학을 강조하는 훈련이다.

오디오북 낭독에서의 감정조절은 감정을 있는 그대로 표출하는 것에서 한 단계 혹은 그 이상으로 감정을 절제해서 낭독한다. 그러나 앞 뒤 문장과의 상호 연계성에서 의미에 맞는 감정이 제대로 표현되어야 하므로 훈련을 통해 감정 조절을 연습한다.

먼저 최대한 감정을 텍스트에 맞게 표출하고 그 다음은 같은 텍스트로 감정을 절제하는 훈련을 한다. 이는 텍스트의 감정보다 낭독자의 감정 상태가 과장되어 표현될 때 오디오북의 효과가 반감될 수 있기 때문이다. 또한 낭독 과정에서 낭독자 자신의 감정이 텍스트에 무의식적으로 반영되면서 낭독에 영향을 미칠 수 있다. 예를 들어 낭독자가 텍스트 감정에 깊이 이입되어 감정을 과장되게 표현하거나 울먹거리거나 목소리가 흔들리게 되면 청자에게 올바른 내용을 전달할 수 없게 된다. 그러므로 낭독자는 마음에 일렁이는 감정을 가슴에 담은 채 절제하고 조절하는 낭독을 훈련해야 하며 감정 조절이 어려운 경우에는 잠시 낭독을 중단하고 깊은 호흡을 통해 마음의 평정을 찾고 이전 문장의 감정을 따라 낭독을 다시 이어 간다.

감정절제 훈련은 감정표현 극대화의 훈련 동작과 내용을 동일하게 적용하였다.

〈감정조절 훈련〉

① 〈쫓아내다〉 격노한 감정으로 사람을 내 쫓는 감정을 절제하여 표현한다. 팔과 다리를 교차시키며 호흡과 함께 감정을 들어오게 하고 대사를 감정과 동작,호흡과 표정과 함께 내보낸다. 예를 들어 〈청혼〉(안톤체홉) 중에서 츄브코프의 대사를 적용한다. "이제 다시는 내 집 앞에 얼씬거리지도 말게" 대사하며 그 감정을 절제하여 표현한다.

② 〈호소하다〉 호소하는 감정을 절제하여 표현한다. 무릎을 꿇고 고개를 숙인 상태에서 〈햄릿〉(셰익스피어) 중에서 오필리어 대사 중 (십자가 앞에 무릎을 꿇고) "아 천사들이여 저분을 구원해 주옵소서"라고 대사하며 그 감정을 절제하여 표현한다.

③ 〈죽다〉 죽겠다는 감정을 절제하여 표현한다. 두 손으로 목을 감싸는 동작을 하며 〈청혼〉(안톤체홉) 중에서 나탈리아의 대사를 적용한다. "나 죽어요. 빨리 그를 불러줘요."라고 대사하며 그 감정을 절제하여 표현한다.

④ 〈크게 웃으며 소리치다〉 소리치는 감정을 절제하여 표현한다. 활짝 웃는 감정으로 숨이 들어가게 하고 대사를 하며 숨을 내보낸다. 두 팔을

3장. 공감각적 보이스 액팅 훈련

번쩍 들으며 〈세자매〉(안톤체홉) 중에서 뚜젠바흐 대사를 적용한다. (웃는다) "브라보, 브라보 여러분 시작하시죠. 제가 연주하겠습니다." 라고 대사하며 그 감정을 절제하여 표현한다.

(7) 감정치유(感情治癒)

공감각적 보이스 액팅 기본 훈련에서 감정치유(感情治癒)는 마음과 밀접한 관련이 있다. 오디오북 낭독자는 공감각적 음성을 통해 텍스트를 섬세하게 전달하며 청자와 그 느낌을 공유하는데 낭독자나 청자 모두의 감정을 형상화시킴으로써 감정이 치유되는 기능을 수행한다.

롤로 메이가 20세기 후반을 가리켜 '공허함'의 시대라고 했다면 21세기는 무감각의 시대여서 감정을 느끼지 못하는 무감각 상태의 사람들이 점점 더 많아지고 있다. 이러한 감정을 치유하려면 감정을 통제하는 것이 아니라 자신이 무엇을 느끼고 있는지 인식하고, 흘러가며 변화되는 감정의 자연적 흐름을 자각할 수 있어야 한다. 나아가 낭독을 통해 텍스트의 감정을 이해하고 그 감정과 동화되어 감정의 변화를 인지하며 마음의 안정과 위로, 카타르시스를 느낄 수 있다. 이와 같이 책을 낭독하는 과정에서 벌어지는 일련의 치유 과정을 '낭독치유' 혹은 '감정치유'라 할 수 있는데 개인마다 경험과 기억은 다르지만 자신의 응어리진 감정을 치유할 텍스트를 접하게 되면 이것이 바로 낭독치유의 시작이라고 할 수 있다.

감정치유(感情治癒) 훈련

공감각적 보이스 액팅 기본 훈련에서 감정치유(感情治癒)는 공감각적 보이스 액팅 감정 표현 훈련의 마지막 과정으로 오디오북 낭독 시 낭독자와 청자의 감정을 치유하는 훈련이다. 이는 오디오북 텍스트의 상황에 맞는 다양한 감정을 낭독자가 훈련과 함께 음성에 담아냄으로써 낭독자 자신의 심신을 단련하고 텍스트를 더욱 잘 이해할 수 있다.

낭독자의 감정을 텍스트와 동화시키고 자연스럽게 충동을 느끼며 표출시키는 과정에서 낭독자가 느끼는 감정의 크기만큼 감정 치유도 비례하게 된다. 감정치유 훈련을 통해 감정을 있는 그대로 인지하고 수용하여 자연스럽게 음성화한다. 우선 평화로운 감정을 느낄 수 있는 이미지를 상상한다. 마음이 다른 곳으로 향하면 그 생각도 받아들여 흘러가게 내버려 둔다. 어떤 생각이나 감정이 떠오르면 바꾸거나 고치려고 하지 말고 있는 그대로를 받아들이며 호흡에만 집중한다.

〈감정치유 훈련〉

① 편안하게 앉은 자세에서 척추를 바로 세우고 눈을 감고 명상 음악을 듣는다. 깊은 호흡을 몸 전체로 인식하며 호흡의 길을 따라 생각을 함께 이동한다.

② 바로 서서 자신의 손을 어루만지면서 서글픈 숨이 들어가게 하고 '하~' 소리와 함께 숨을 나가게 한다. 손을 바라보며 자신과 대화하면서 감정을 치유한다.

③ 바로 서서 한 손을 가슴에 얹고 그리운 숨이 들어가게 한다. '하~' 소리와 함께 숨을 나가게 하고 자신과 대화하며 감정을 치유한다.

④ 편안하게 앉은 자세에서 두 손바닥이 하늘로 향하며 회한(悔恨)의 숨이 들어가게 하고 '하~' 소리와 함께 숨을 나가게 한다. 자신과 대화하며 감정을 치유한다.

4) 유사언어 활용 훈련

유사언어의 활용은 텍스트를 입체적으로 형상화함에 있어 핵심적인 작용을 한다. 유사언어의 개념과 활용 훈련을 살펴보면 다음과 같다.

유사언어의 개념

유사언어(paralanguage)는 언어에 준하는 비언어적 요소로서 음성을 통해 이루어지는 것을 지칭한다. 또한 커뮤니케이션을 위해 사용하는 제2의 언어로서 언어 표현만으로 자신의 감정 전달을 충분히 할 수 없을 때 유사언어의 요소를 활용하여 내재된 의미를 대체시키고 전달하고자 하는 내용을 강화한다. 오디오북은 청각에 의존하는 전달 방식이므로 공감각적 보이스 액팅 훈련 과정에서 유사언어의 활용이 적극 필요하다. 학자에 따라 유사언어를 규정하는 범위는 다르게 구성된다.

〈유사언어 규정 범위〉

학자	유사언어 규정범위
McCroskey & Richmond(1996)	잠깐 멈춤, 속도, 발성, 강세, 발음, 억양
장길호, 김현주(1996)	목소리 속도, 음의 크기
Smith, Finnegan & Karnell(2005)	공명이 느껴지는 목소리
이유나(2008)	속도, 발음, 크기, 포즈, 음조, 억양
성선녀(2008)	발성, 발음, 전달 테크닉, 감정표현
임영화(2013)	발음, 속도, 감정표현, 휴지, 억양, 강세, 톤
정은이(2014)	음의 높이, 속도, 크기, 억양, 발음, 음색

3장. 공감각적 보이스 액팅 훈련

본 저서에서는 공감각적 보이스 액팅 기본 훈련에 부합하는 유사 언어의 활용 요인을 음색, 톤, 포즈, 속도, 억양, 강세로 구성하고 이에 맞는 훈련을 제안하였다.

(1) 안정음색(安定音色)

음색(音色)은 개인이 갖고 있는 고유한 특색인데 안정음색은 듣기에 좋고 의사 전달이 명쾌하며 편안한 목소리를 말한다. 그 특징으로는 풍부한 소리, 아름다운 소리, 명료한 소리, 듣기 좋은 소리, 꽉 찬 소리 등이 있는데 오디오북을 위한 안정음색은 공명이 잘 되고 소리의 감각이 살아있으며 밀도 있게 가득 차 있는 목소리이다. 너무 허스키하거나 목소리의 긴장으로 인한 답답한 음성은 오디오북의 낭독자로서 스토리를 이끌어 나가는 데에 부적절할 수 있으므로 음색 훈련을 통해 부드럽고 편안한 목소리로 발전시켜 나가야 한다.

안정음색(安定音色) 훈련

오디오북 텍스트 형상화를 위해서는 오랜 시간 낭독할 수 있는 자신만의 안정된 음색을 훈련해야 한다. 안정음색(安定音色)은 깊은 횡격막 호흡을 하면서 공명강 진동을 확장하고 목소리의 감각이 살아있는 밀도 있는 음색이라고 할 수 있다. 흉곽의 공명과 두부(頭部) 공명 및 전신공명(全身共鳴)이 음색을 새롭고 안정되게 변화시킨다.

긴장 때문에 생기는 답답한 음성은 오디오북의 낭독자로서 스토리를 이끌어 나가는 데에 부적절할 수 있으므로 안정음색(安定音色) 훈련을 통해 부드럽고 편안한 음성으로 훈련해 나가야 한다..

⟨안정음색 훈련⟩

① 발바닥을 지면에 닿게 하고 척추를 바르게 세워 골반까지 숨이 들어오게 하면서 두 손을 가슴 부위에서 확장시키며 손동작과 함께 폐를 형상화한다. '뿌~' 뱃고동 소리와 함께 숨이 천천히 나가는데 이때 두 손의 간격도 점점 줄어들도록 훈련한다. 3회 반복한다.

② 두 손을 얼굴 앞에 두고 시야 가까이에서 (1)과 같이 폐형상화 훈련을 한다. 두 팔과 손의 위치 변화에 따른 미세한 변화를 인지하면서 나가는 숨에 '뿌~' 소리를 길게 보낸다. 이때 어깨 긴장을 풀고 두 손을 동그랗게 겹쳐 말면서 나가는 숨에 뱃고동 소리를 보낸다. 3회 반복한다.

③ 무릎을 꿇고 두 손을 깍지 껴 머리 위로 둥글게 원을 만들어 올린다. 이 자세에서 숨을 골반까지 깊이 들어오게 하고 '뿌~' 뱃고동 소리를 내

며 오른쪽으로 천천히 몸을 기울인다. 이때 오른쪽 갈비뼈는 서서히 접히게 되고 왼쪽 갈비뼈는 확장하게 되는데 이러한 신체의 변화에 따른 공명을 인지한다. 방향을 바꾸어 훈련한다.

④ 회양 발바닥을 지면에 붙이고 두 무릎을 세운 상태로 눕는다. 두 팔을 동그랗게 만들고 두 손을 깍지 껴 얼굴 위에 두고 숨이 복부 가득 들어오게 한다. '뿌~' 소리와 함께 다리를 들며 두 팔로 무릎을 감싸 얼굴과 무릎을 가까이 한다. 제자리로 돌아오며 숨이 들어가게 하고 훈련을 3회 반복해 복근을 강화시키며 공명된 소리를 훈련한다.

(2) 톤의 조화(調和)

낭독자는 오디오북을 장시간 낭독해야 하므로 가장 편안한 톤을 찾아야 한다. 하지만 내용과 상황의 변화에도 불구하고 일정한 톤으로 낭독하는 것은 주의해야 하며 오디오북 텍스트의 장르에 따라서 알맞게 톤의 변화를 구사해야 한다. 이를 위해 공감각적 보이스 액팅 훈련이 필요하다.

톤의 조화(調和) 훈련

공감각적 보이스 액팅 훈련에서 유사언어 활용 중 톤의 조화는 음의 높고 낮음을 의미하며 성대 진동의 빠르기에 따라 달라지는데 편안하지만 지루하지 않도록 미세한 톤의 조화를 이루어야 한다. 상황이나 장면, 분위기와 내용, 시간 등의 변화에 따라 톤을 다르게 한다. 자신에게 맞는 톤을 찾으려면 음성화 과정에서 울림이 가장 많은 음의 높이에서 중심 톤을 찾아 훈련한다.

<톤의 조화 훈련>

① 호흡을 골반까지 들어가게 하고 두 손을 깍지 껴 '도' 음에 맞춰 '후' 소리를 내며 숨을 나가게 한다. 그 톤에 맞추어 텍스트 문장을 연결하여 훈련한다.

② 호흡을 골반까지 들어가게 하고 두 손을 명치 부위로 올리고 '레' 음에 맞춰 '후' 소리를 내며 숨을 나가게 한다. 그 톤에 맞추어 텍스트 문장을 연결하여 훈련한다.

③ 호흡을 골반까지 들어가게 하고 두 손을 입 부위로 올리고 '미' 음에 맞춰 '후' 소리를 내며 숨을 나가게 한다. 그 톤에 맞추어 텍스트 문장을 연결하여 훈련한다.

④ 호흡을 골반까지 들어가게 하고 두 손을 머리 위로 올리고 '파' 음에 맞춰 '후' 소리를 내며 숨을 나가게 한다. 그 톤에 맞추어 텍스트 문장을 연결하여 훈련한다.

3장. 공감각적 보이스 액팅 훈련

(3) 자유억양(自由抑揚)

억양은 감정과 의도에 따라 변화하는 말소리의 높고 낮은 음악적 흐름으로 미묘한 억양의 변화에도 전달하고자 하는 의미가 달라지므로 내용을 잘 파악하여 자연스럽게 구사한다.

특히 우리말은 문장을 끝까지 들어야 그 말의 의도가 정확하게 파악되는데 이는 서술어가 뒤에 오는 문장 구조를 가지고 있기 때문이며 서술어의 변화에 따라서도 억양이 달라진다.

자유억양(自由抑揚) 훈련

공감각적 보이스 액팅 훈련에서 유사언어 활용 중 자유억양은 낭독 시 중요한 단어나 핵심 음절 등을 강조하며 텍스트의 억양을 낮게 또는 높게, 강하거나 약하게 표현하는 것을 말한다.

폐에서 성대를 진동시키는 공기가 나가게 되면 음파에는 진동수가 생기는데많은 진동수에 의해 생성되는 높은 음과 적은 진동수에 의해 생성되는 낮은 음이 억양을 형성한다. 따라서 자연스럽고 자유로운 억양 훈련을 통해 오디오북 텍스트의 내재적 의미를 형상화 하도록 한다.

〈자유억양 훈련〉

① 양손 끝을 잡고 왼쪽으로 돌리며 숨이 들어가게 하고 문장을 낭독하면서 두 손을 억양과 함께 파도치듯 오른쪽까지 180도 움직이며 숨이 나가게 한다. 왼쪽의 동작을 3회 반복 후 방향을 바꾸어 억양훈련을 한다. 이때 늑골의 위치 변화에 따라 숨의 흐름과 신체 내부를 인식하고 호흡과 억양의 관계를 관찰한다.

② 양손을 펼쳐 자유롭게 날개를 핀 상태를 상상하며 숨을 들어가게 하고 문장의 의미에 따라 날갯짓의 동작을 변화시키며 억양을 달리하며 훈련한다.

③ 두 팔을 귀 옆으로 올린 상태에서 숨이 들어가게 하고 숨이 나가면서 왼쪽으로 두 팔을 기울인다. 이때 오른쪽 무릎을 자연스럽게 이완시키며 이 상태에서 숨이 들어가게 하고 문장을 낭독하면서 왼쪽으로 두 팔을 파도치듯 움직이며 억양을 훈련한다.

④ 두 손을 왼쪽에 두고 파도치듯이 손 모양을 만들어 180도 움직이며 물결의 리듬을 형상화 한다. 이때 손의 움직임에 따라 무릎도 함께 반동을 주며 훈련한다. 3회 반복한다.

3장. 공감각적 보이스 액팅 훈련

(4) 다변(多變)포즈

포즈(Pause)란 말 중간에 목소리를 내지 않고 잠깐 멈추거나 의식적으로 끊어 읽는 것을 의미한다. 또한 감정과 정서를 표현할 때 포즈가 나타나기도 하고 흥분하거나 당황했을 때, 머뭇거리거나 다음 말이 생각나지 않을 때, 감정에 변화가 있을 때에도 포즈가 나타난다. 포즈는 텍스트 행간의 의미를 마음속으로 상상하면서 정서기억 저 편에 저장되어 있던 감각까지 불러와 자연스럽게 형상화 시킨다. 문장과 문장, 단어와 단어 사이의 자연스러운 포즈는 텍스트보다 더 강력한 언어 요소로 작용 될 수 있다.

다변(多變)포즈 훈련

공감각적 보이스 액팅 훈련에서 유사언어 활용 중 다변(多變)포즈는 텍스트에 나와 있지 않은 부분까지도 형상화하는 훈련이다. 이는 청자의 이해와 형상화를 돕는 핵심적인 요소로 공감각적 보이스 액팅 훈련에서 단어, 구, 절, 문장 사이 등에서 문장의 뜻을 파악하며 적절하게 포즈(Pause)를 훈련한다.

〈다변포즈 훈련〉

① 상체를 왼쪽으로 돌린 상태에서 숨이 발바닥까지 들어온다고 상상한
다. 두 손을 얼굴 앞에 두고 숨이 들어옴에 따라 공 모양으로 두 손을 부
풀린다. 상체를 오른쪽으로 180도 돌리며 '뿌~' 소리를 나누어 냄으로
써 포즈(Pause)를 훈련한다.

② 숨을 깊이 들어오게 하고 머리를 360도 천천히 돌리며 '뿌~' 소리를
나누어 내며 포즈(Pause)를 훈련한다. 이때 텍스트의 내용에 맞추어 고
개와 동작을 일치시켜 포즈를 취하면서 문장을 나누어 낭독한다.

③ 숨이 꼬리뼈까지 들어오도록 하면서 한쪽 팔을 수평으로 올리고 고개
를 일치시킨다. 손끝으로 소리를 나가게 하면서 고개와 팔을 함께 180
도 천천히 이동하는데 이때 텍스트의 내용에 맞추어 포즈(Pause)를 취
하면서 문장을 낭독한다.

④ 걸으면서 텍스트를 낭독한다. 포즈(Pause) 때 마다 걸음을 멈추는
훈련을 한다.

(5) 조절속도(調節速度)

속도는 말의 빠르기를 의미하며, 속도를 통해 낭독자의 성격과 심리 상태를 파악할 수 있다. 보통 말하는 속도는 1분에 120~180개의 단어 정도로 텍스트 내용에 따라 알맞은 속도를 구사해야 하는데 감정과 의미 등에 따라서도 속도가 달라진다. 감정이 격해지거나 누구나 아는 쉬운 단어나 문장을 읽을 때에는 속도를 조금 빠르게 하고 생소한 단어나 중요한 표현 등을 나타낼 때에는 천천히 낭독하는 것이 효과적이다.

조절속도(調節速度) 훈련

공감각적 보이스 액팅 훈련에서 유사언어 활용 중 조절속도(調節速度)는 말의 빠르기와 관련이 있으며, 공감각적 보이스 액팅 훈련 과정에서 텍스트의 의미와 문장부호에 따라 속도를 자유롭게 구사할 수 있도록 하는 훈련이다.

⟨조절속도 훈련⟩

① 왼팔을 앞으로 뻗으며 호흡을 들어오게 하면서 오른쪽 무릎을 구부린
다. 나가는 호흡에 '후' 소리를 실으며 팔과 다리의 반동을 주어 호흡의
속도를 달리하여 훈련한다. 팔을 바꾸어 문장과 함께 속도 훈련을 한다.

② 발바닥으로 전신의 중심을 잡고 팔을 W 모양으로 올려 상체를 오른쪽
으로 방향을 돌리며 숨이 들어오게 한다. 나가는 호흡에 '후' 소리를 실
으며 180도 왼쪽으로 반동을 주어 이동한다. 같은 동작을 호흡의 속도
를 달리하여 훈련한다.

③ 두 손을 복부에서 시작해 들어가는 숨과 함께 턱 앞까지 올리고 다시
아래로 움직이면서 나가는 호흡에 '후' 소리를 보낸다. 호흡의 속도를 달
리하며 동작을 반복 훈련한다.

④ 같은 텍스트를 빠른 속도, 느린 속도, 중간속도로 다르게 읽는 훈련을
한다. 이후 텍스트 내용에만 몰입해 낭독하면 속도가 자유자재로 조절되
는 경험을 하게 된다.

(6) 유변강세(柔變强勢)

강세는 텍스트의 의미를 바르게 전달하는 중요한 요소이다. 두 개 이상의 음절이 단어를 이룰 때 어느 한 음절이 다른 음절보다 공명이 크거나 세게 말할 때 강세가 온다. 낭독자가 새로운 정보를 이야기 하거나, 내용을 강조할 경우 등에 강세가 오는데 문장 내에서 단어와 음절을 어떻게 강조하느냐에 따라 의미가 달라질 수 있다. 그러므로 문맥에 맞게 강세를 주어야 하며 텍스트의 내용을 충분히 숙지하여 자연스럽게 강세를 주는 것이 중요하다.

유변강세(柔變强勢) 훈련

공감각적 보이스 액팅 훈련에서 유사언어 활용 중 유변 강세는 텍스트에 대한 이해를 결정짓는 매우 중요한 요소이다. 문장 내에서 단어나 음절을 어떻게 강조하느냐에 따라 의미가 달라지며 이는 억양과 함께 텍스트를 형상화 시키는 역할을 한다. '강세'에 따라 텍스트의 내용이 상이하게 전달될 수 있으므로 낭독자는 텍스트의 바른 이해와 더불어 올바른 강세 훈련이 필요하다.

〈유변강세 훈련〉

① 까치발을 들고 팔과 다리를 쭉 뻗으며 눈과 입을 크게 확장시키면서 강하게 단어와 음절을 보내는 강세 훈련을 한다.

② 숨이 들어오게 하면서 두 어깨를 올리고 '후' 소리와 함께 어깨를 강하게 떨어뜨려 원위치 시킨다. 문장을 어절로 끊어 강세 훈련을 한다.

③ 가부좌 자세로 앉아 두 손을 바닥에 대고 몸을 위로 들어 올리며 숨이 들어가게 하고 몸을 원위치 시키며 숨을 강하게 내보낸다. 이때 문장을 어절로 끊어 강세 훈련을 한다.

④ 텍스트를 들고 걸으며 올바른 강세 훈련을 한다. 강세가 들어가는 어절마다 발을 구르며 훈련 한다.

4장

보이스 액팅 훈련
질적 훈련 사례

보이스 액팅 훈련 질적 훈련 사례

AHP 분석을 통한 보이스 액팅 훈련 우선순위 분석의 결과 낭독자를 위한 보이스 액팅 훈련에서 최우선 훈련 과제는 유사언어 활용훈련이었다. 따라서 유사언어를 적절하게 활용한다면 오디오북을 청자에게 효과적으로 전달할 수 있다.

본 저서는 오디오북 텍스트 형상화를 위해 공감각적 음성 훈련의 필요성을 인식하여 실시하였고 유사언어 중에서 음색, 톤, 억양, 포즈(Pause), 속도, 강세를 활용하는 공감각적 보이스 액팅 훈련을 실시하였다. 이를 위해 23주간 낭독 훈련 및 발전 과정을 서술하는 질적 훈련을 적용하였다. 이 중 오디오북 텍스트 녹음을 실시한 3주간을 제외하고 20주 동안 교육생들의 기록을 주차별로 분석하여 진행 과정을 제시하면서 오디오북 텍스트 형상화를 위한 보이스 액팅 활용 훈련을 적용하고 훈련 동작들을 개선했다.

훈련 대상

훈련 참가자는 경기도 H 점자도서관 시각장애인 보이스크리에이터 교육생으로 총 13명이었으나 개인적 사정에 의해 3명은 중간 과정에서 수업 참석을 못 하게 되었고, 총 10명을 대상으로 하였다. 이들은 총 23주간 교육 및 훈련을 통해 "사람은 무엇으로 사는가"라는 오디오북을 제작하여 도서관에 기증하였다.

〈훈련 참가자 음성 특성과 개선 방향〉

교육생	교육생	교육생	음성 특성
1	김**1	40대 여성	따뜻한 음성, 발성과 톤의 개선 요망
2	김**2	40대 여성	중성적 음성 허스키함, 발음과 속도 개선 요망
3	박**1	40대 여성	힘찬 음성, 발음과 발성 개선 요망
4	박**2	30대 여성	부드러운 음성, 발성과 억양 개선 요망
5	박**3	40대 여성	카랑카랑한 음성, 약간의 사투리, 억양, 속도 개선 요망
6	송**	50대 여성	강하고 카리스마적 음성 억양과 속도 개선 요망
7	이**1	20대 여성	맑고 깨끗한 음성, 속도와 톤, 감정표현 개선 요망
8	이**2	20대 여성	윤기 있는 음성, 발음과 강세 개선 요망
9	전**	40대 여성	건조한 음성, 억양, 감정표현 개선 요망
10	허**	30대 남성	풍부하고 기름진 음성, 발음, 발성, 감정표현 개선 요망

자료수집

본 훈련은 총 23주 동안 진행되었다. 우선 교육생들의 음성 교육 및 오디오북 제작을 위해 실무자와의 사전 협의를 통해 교육 과정 등에 대한 기초자료를 수집하고, 교육생과의 수업을 통해 훈련을 진행하였다. 연구자는 약 6개월에 거쳐 H 도서관에서의 교육을 통해 시각 장애인의 특수성 및 이해를 지녔기에 이를 토대로 친밀감을 매우 중요시하였다. 교육은 매주 3시간 동안 실시되었으며 음성교육 및 녹음제작 형식으로 진행되었다. 오디오북은 '사람은 무엇으로 사는가'(톨스토이) 작품을 제작하여 성과물을 도서관에 기증하였다.

훈련 내용

본 훈련은 오디오북 텍스트 형상화를 위해 공감각적 음성 훈련의 필요성을 인식하여 훈련하고 이에 더하여 목소리 구성요소인 유사 언어 중에서 음색, 톤, 억양, 포즈(Pause), 속도, 강세를 직접 훈련하여 효과적인 공감각적인 보이스 액팅 훈련 성과의 유무를 알아보고자 하였다. 이를 위해 23주간 개인적 훈련 및 발전 과정을 서술하는 질적 훈련 방법을 적용하였다. 이 중 오디오북 녹음을 실시한 3주간을 제외한 20주 동안 교육생의 기록을 주차별로 분석 서술하여 진행 과정을 제시하면서 오디오북 텍스트 형상화를 위한 보이스 액팅 훈련을 적용 분석하고 문제점을 개선하였다. 특히 질적 분석 방법에서 강조되는 연구자의 직관적인 통찰로 교육을 이해하고 훈련과정에서 그 의미를 적용하였다, 훈련 내용은 다음과 같다.

첫째. 공감각적 보이스를 위한 영감(靈感)훈련을 실시하였다. 이는 오디오북 텍스트 형상화를 위한 중요 훈련으로서 개인적인 신체 및 심리적 배경에 따라 차이가 있음을 전제로 하고 훈련하였다.

둘째, 공감각적 음성을 위한 호흡, 발성, 공명, 발음 훈련을 하였다. 오디오북 내레이션을 위한 기본적인 훈련으로 개인마다 가지고 있는 편안하고 자연스러운 음성의 장애 요인을 제거하여 공감각적이고 입체적인 음성 훈련을 하였다.

셋째. 유사언어의 음색, 톤, 억양, 포즈(Pause), 속도, 강세를 훈련하였다. 유사언어의 활용은 오디오북 텍스트를 형상화를 위한 과정에서 낭독자와 청자에게 텍스트가 가지고 있는 의미와 배경을 선명하게 전달하는 매우 효과적인 방법이다.

넷째, 오디북 텍스트 형상화를 위한 개념과 요소, 훈련에 대한 이론적 교육을 하였다. 이는 참가자들의 오디오북 텍스트 형상화를 위한 기초적인 이론으로 훈련과 연계하여 인지하고 있어야 할 부분이다.

다섯째. 시작장애인이라는 특수한 배경을 참고하여 지도과정에서 연구자는 친밀감을 보다 중요시 하였다.

훈련 과정

본 훈련은 교육생 10명을 대상으로 23주간의 훈련 과정을 통해 시작, 변화, 발전한 사례이다. 이를 위해 오디오북 텍스트 형상화를 위한 보이스 액팅 활용과 적용의 훈련 과정을 녹음이나 영상기록으로 남겨 훈련을 진행하였다. 이는 향후 유사한 훈련에서 참고할 수 있는 방향을 제시할 뿐 아니라 음성 훈련 교육 방안을 만들 수 있는 기초자료가 될 것이다. 본 훈련은 3단계로 이루어졌으며, 각 단계는 주별로 구분하여 종합 분석하였고 그 내용은 다음과 같다.

1) 제1단계 : 영감인식 훈련

(1) 1주차 : 인식훈련

교육생들을 처음 만나 신체와 음성과의 관계에 대한 대화를 나누었지만 대부분 자신의 신체를 인식하거나 신체 각 부분에 대해 관찰한 경험이 많지 않았다고 하였다. 특히 공감각적 음성은 생소한 단어라고 생각했지만 시각이 불편한 시각장애인들은 청각의 촉각화 혹은 청각의 미각화 등과 같은 공감각적 부분에 대해 이미 신체적으로 체득하고 있었다. 따라서 이러한 상황들을 음성에 적용하여 오디오북 낭독에서 영감을 불러와 텍스트를 형상화하는 공감각적 음성의 설명과 함께 자신의 신체에 대한 인식 및 신체 기관들의 관찰을 통해 올바른 골격과 자세에 대한 이해가 가능하도록 하였다. 또한 텍스트 낭독을 통해 각 개인이 가지고 있는 소리에 대한 특성도 파악하였다. 모두 자리에서 일어나 발바닥을 인식하고 신체 전체를 인식하는 경험을 가지도록 하였고(교육생 4는 다리가 불편해 서 있는 자세는 훈련하지 못했다), 앉은 자세에서 허리를 바로 편 상태로 어깨와 허리에 힘을 빼고 서 있을 때와 다른 신체 흐름을 관찰하도록 하였다. 귀가 후에는 누운 자세에서 자신의 신체 곳곳을 인식해 보는 시간을 갖도록 권유하였다.

(2) 2주차 : 영감(靈感)훈련

영감은 직관과 상상력을 일으키는 보이지 않는 창조적 정신이다. 오디오북 낭독 시에 텍스트에 어울리는 공감각적 음성을 구현하기 위해서 영감(靈感)을 불러 일으켜야 한다. 이를 위해 텍스트의 맥락을 파악하는 기본 과정 에서 문장이나 단어 등의 이미지를 떠올리게 한다. 이때 개인적인 정서와 경험을 통해 자신만의 영감이나 상상을 불러 일으키게 된다. 하지만 개인마다 차이가 있기 때문에 공감각적 음성 사전 단계에 감성을 풍부하게 하는 영감 훈련이 필요하다. 따라서 단어나 문장을 듣고 느껴지는 감정 혹은 이미지 등에 대해 이야기 하면서 어릴 때 행복했던 추억이나 친구와의 즐거운 경험 등을 떠올리는 정서적인 기억을 만들어 보도록 하였다.

또한 오디오북 '사람은 무엇으로 사는가'의 텍스트 문장에서 "외투 따위는 입지 않아도 훈훈하단 말야. 딱 한 잔만 마셨는데 그것이 온몸을 돌아다니거든."을 들려주고 느낌에 관해 질문하였다. 대다수의 교육생들은 술을 마시는 이미지, 그 후 느낄 수 있는 몸의 훈훈한 느낌과 술이 몸속을 돌아다니는 상상과 정서적 기억을 통해 감각과 감정을 불러일으키는 변화를 느꼈다고 하였다. 이러한 과정은 공감각적 음성으로 텍스트 형상화를 하기 위한 사전단계로서 감정과 감각이 동시에 영감을 느끼도록 하는 훈련 과정이다.

이후 교육생들에게 각 순서대로 문장을 낭독하게 하였다. 그 결과 교육생 1,3,4,6은 텍스트 낭독 시에 음성을 통해 문장에서 의미하는 감정들이 느껴지면서 그림이 그려지는 듯한 느낌이 들었지만, 교육생 5,7,8,10은 낭독에만 급급하여 텍스트를 형상화하기 어려운 모습을 보여주었다. 이를 개선하기 위해 미리 텍스트를 숙지해야 하며 단어나 문장을 읽을 때 연상되는 이미지와 영감을 불러일으킬 수 있는 훈련이 필요하였다. 따라서 수업을 통해 영감과 이미지 등에 대한 다양한 경험을 하였고 이후 교육생들의 음성과 표정에 변화가 있었다.

2) 제2단계 : 공감각적 음성화 훈련(호흡, 발성, 공명, 발음)

교육생들은 처음에는 공감각적 음성이 생소하였지만 훈련이 지속될수록 텍스트 의미를 잘 이해하고 전달되어 하나의 감각이 동시에 다른 영역의 감각을 불러일으키는 공감각적 음성에 관해 이해하였다. 각자 자신의 음성과 성격에 부합하는 인물을 선정을 한 이후 텍스트 인물 분석과 낭독을 훈련하였다. 점차 유사언어의 개념과 텍스트와의 상호관계를 이해하고 숙지하는 단계에 이르렀다.

(1) 3주차 : 호흡

호흡은 음성을 만드는 기본 요소이자 공감각적 음성을 발현하는 필수 요소로서 들숨과 날숨의 경우 편안한 상태에서 반복된다고 지도하였다. 이러한 개념의 인지를 통해 호흡과 자신의 신체의 변화와 더불어 감정을 동반한 음성 교육을 하였다.

본문의 문장 "어느 구두장이가 아내와 아이들을 데리고 농가의 방 한 칸을 빌려 살고 있었다. 이 구두장이는 제 집도 없고 땅도 없는 터라 구두를 만들거나 고쳐서 살림을 꾸려가고 있었다. 이하 생략" 부분을 낭독 하면서 호흡에 중점을 두어 관찰하였다.

그 결과 교육생 2, 4, 7은 편안한 호흡으로 문장을 읽는 것이 익숙하지 않아 거친 호흡 소리가 자주 들렸고, 교육생 10은 폐활량에 문제는 없었지만 호흡의 운용에 어려움이 있었다. 깊게 호흡을 들이마시며 편안하고 고요한 신체 상태에서 호흡하면서 문장마다 느껴지는 감정을 넣어 읽는 훈련을 하였다.

오디오북을 제작은 장시간 낭독을 해야 하므로 긴 호흡으로 문장을 이끌어 나가는 훈련이 요구된다. 특히 텍스트를 중심으로 여러 번 소리 내어 읽어보며 복부 깊은 곳에서 나오는 음성과 감정을 호흡과 같이 일치시키는 지점이 오디오북 형상화의 최고의 성과라 할 수 있다. 따라서 평상시 자신의 호흡을 관찰하고 깊은 호흡 훈련과 낭독을 통해 편안한 호흡으로 자연스러운 오디오북 낭독을 하도록 훈련한다.

(2) 4주차 : 발성

발성은 호흡과 함께 성대 진동에 의해 발생하는 소리 생성의 필수 과정이며 호흡과 함께 음성을 만드는 기본 요소이다. 신체를 바르게 정렬하고 긴장을 제거해 소리의 통로를 개방하고 구강 내부를 확장하여 최소의 힘으로 공명을 이용해 음성을 발화한다. 오디오북 제작에서는 마이크를 이용하므로 음성의 증폭이 가능하다고 생각하여 발성교육이 중요하지 않다고 말하기도 한다. 하지만 기계를 통해 미세한 호흡과 음성을 통한 감정 표현 등이 섬세하게 나타나므로 해야 더욱 음성화에 대한 교육과 이해가 요구된다. 따라서 편안한 호흡으로 텍스트를 읽으며 감정에 따르는 자연스러운 충동에 의한 발성 교육을 지도하였다. 교육생 3은 수줍음이 많은 성격이어서 초반 텍스트 낭독 시에 다소 자신이 없는 발성을 하였고 편안하게 후두부를 개방하는 느낌이 부족하였으며 긴장하거나 경직된 음색이었다. 그러나 텍스트 내용에 몰입하고 자연스러운 호흡으로 감정을 실어 신체 부위별 발성 등을 훈련하면서 점차 텍스트에 부합하는 발성을 구사하였다.

(3) 5주차 : 공명

공명은 후두가 만든 첫 소리가 성도(vocal tract)를 지나며 진동을 얻어 음량과 질감이 더해지는 현상으로 톤이 높을수록 두성의 진동이 커지고 낮을수록 흉곽의 진동이 많아진다. 오디오북에서 내레이션을 하거나 책속의 다양한 인물을 표현할 때 신체 부위별 공명을 활용하면 보다 입체적 낭독을 할 수 있다. 교육생 7은 텍스트 문장 중 '이런 역시' '술을 마셨구나.'라는 속마음을 표현할 때 대사보다 좀 더 차분하고 풍부한 공명을 활용해야 하는데 속마음과 대사 구분이 잘되지 않아 문장의 반복을 통해 신체 부위별 공명 훈련을 실시하였고 변화와 발전이 있었다.

(4) 6주차 : 발음

발음은 대사의 본래의 목적과 의미를 낭독자에서 전달하는 과정에서 가장 중요한 요소로서 오디오북 형상화에 있어 매우 중요한 부분이다. 발음이란 혀, 입술, 이, 입천장 등과 같은 발음기관을 이용하여 말소리를 내는 것을 말하는데 말하는 이의 생각이나 느낌을 표현하는 역할을 한다. 정확한 발음을 위해 자음과 모음, 표준발음과 장단음을 정확하게 구사하도록 훈련해야 한다.

교육생 대부분의 발음은 정확하였지만 다양한 단어와 대화, 그리고 문장의 낭독을 통한 발음을 훈련하였다. 교육생들 스스로가 오디오북의 특징을 이해하고 노력하는 모습을 보여 주었고, 특히 교육생 3,8,10은 더욱 정확한 조음을 위해 입술과 혀 등의 위치를 찾아 음절마다 끊어 읽기 훈련을 하였고, 자음과 모음의 조음 위치에 맞추어 분리해서 발음 훈련을 하였다.

3) 제3단계 : 유사언어 활용단계 훈련

〈유사언어를 활용을 위한 훈련〉

유사 언어	유사언어의 활용 훈련
음색	오디오북 낭독에 있어서 개인의 고유한 음색은 매우 중요한 요소를 차지하는데 낭독자의 음색이 책의 성격과 부합할 때 큰 효과를 나타낼 수 있다. 이를 위해 낭독자의 객관적인 음색 평가 기준을 정해 놓은 뒤 그 기준에서 하나씩 개선해 나가는 것이 훈련의 목적이다. 예를 들어 비음이 강한 사람이나 거친 음성, 혹은 발성이나 공명이 훈련되지 않아 작은 소리로 표현하는 음성은 답답하고 거슬리게 된다. 그러므로 호흡부터 발성, 공명, 발음에 이르는 기초훈련을 통해 자신만의 특징적 음색을 발전시켜 나가는 것이 필요하다. 음색은 공감각적으로 자신만의 특성을 나타낸다.
톤	[사람은 무엇으로 사는가] 일부 문장 "어느 구두장이가 아내와 아이들을 데리고 농가의 방 한 칸을 빌려 살고 있었다. 이 구두장이는 제 집도 없고 땅도 없는 터라 구두를 만들거나 고쳐서 살림을 꾸려 가고 있었다." 교육생들에게 위 문장을 편안한 톤으로 구사해 보라고 했는데 대부분 자신의 편안한 톤을 찾지 못하고 톤을 높게 잡거나 더 이상 낮출 수 없을 정도의 낮은 톤으로 낭독하였다. 이는 호흡과 발성과 공명 등 기본 훈련이 수반되지 않은 경우에 나타나는 현상이다. 이에 개인적으로 톤을 살짝 올려서 낭독하게 하거나 흉강 공명을 사용하여 울림을 활용하도록 하였다. 훈련 초반에는 어색하거나 불편하게 느낄 수 있었지만 장시간 낭독해야 하는 오디오북 제작을 위해서는 성대에 무리가 가지 않도록 하는 기초훈련과 더불어 자신만의 편안한 톤을 찾아가는 과정이 필요하다.

억양	1)문장을 낭독한다. 2)중요한 단어나 내용을 이끄는 음절 등에 체크한다. 3) 2)번의 체크 부분에 강 약 중간 약 과 같은 중요도를 부여하여 다시 낭독한다.
포즈	포즈는 오디오북의 형상화를 위해 낭독자와 청자 모두에게 책의 내용을 이미지화 할 수 있는 매우 중요한 요소이다. 문장과 문장, 음절과 음절 사이에 자연스러운 포즈는 텍스트보다 더 강력한 언어 요소로 작용 될 수 있다. 내용의 흐름에 따라 포즈에 유의하면서 내용에 집중하며 낭독을 반복적으로 실시하였다. 같은 문장이라 하더라도 포즈를 어디에 두느냐에 따라 의미가 달라질 수 있으므로 텍스트의 정확한 분석이 요구된다.
속도	속도의 조절은 오디오북의 형상화를 구체화 시키는 요소이다. 책의 내용에 따라 알맞은 속도를 구사해야 하며 쉬운 단어나 문장을 읽을 때에는 속도를 조금 빠르게 하고 생소한 단어나 중요한 표현 등을 낭독할 때에는 속도를 천천히 하여 낭독하는 것이 효과적이다. 1)문장을 편안한 속도로 낭독한다. 2)낭독자는 문장에 있는 단어들을 떠올리며 연극무대나 영화 같은 장면을 만들어 내며 낭독한다. 3)위와 같은 과정을 거치게 되면 속도가 자유롭게 조절되는 경험을 하게 된다.
강세	[사람은 무엇으로 사는가] 일부 문장 "미하일, 자네는 무슨 잘못으로 하느님의 벌을 받았고, 그 하느님의 말씀이란 어떤 것이었는지, 그걸 나한테 가르쳐 주게." '무슨', '어떤', '그걸' 에 크게 강세가 들어가고 '하느님의 벌' 과 '하느님의 말씀' ' 가르쳐' 는 중간 강세가 들어가는 것이 자연스럽다. 하지만 낭독자가 전달하고자 하는 의미에 따라 강세가 달라지므로 텍스트의 올바른 이해가 요구된다. 1)의미를 생각하며 문장을 낭독한다. 2)연극무대나 영화 같은 상황을 만들어 동작을 하며 같은 문장을 낭독한다. 3)위와 같은 과정을 거치게 되면 강세가 자유로워지는 경험을 하게 된다.

4장. 보이스 액팅 훈련 질적 훈련 사례

(1) 7~9주차 : 음색과 톤

음색과 톤은 오디오북 텍스트 형상화에 있어 매우 중요한 요소이다. 개인적인 특성의 질감, 밀도 등이라고 말할 수 있는 음색과 낭독자의 울림이 풍부하고 편안한 톤은 공감각적 낭독에 있어 필수적이다. 이를 위해 다음의 텍스트를 훈련하였다.

'이런 역시', '술을 마셨구나.'

"집에는 저녁식사 따위는 없어요. 누가 주정뱅이 따위한테 밥을 먹여 주겠어요."

"우린 무엇이나 남에게 주는데 왜 남들은 우리한테 주지 않을까 ?"

훈련 결과에서 교육생 10의 경우 음색이 매우 좋아졌는데 발성의 메커니즘을 이해하여 장기간 훈련한다면 훨씬 더 매력 있는 음색을 표현할 것으로 생각되었다. 또한 교육생 7의 경우는 둘째 줄, 셋째 줄을 속 소리와는 다른 톤과 감정이 실려야 했는데 둘째 줄의 경우 속도가 빨라 발음이 엉키고 감정도 아쉬운 부분이 있었다. 셋째 줄은 상대에게 던지는 대사이므로 속 소리와 다른 톤으로 발화해야 하지만 마치 속 소리처럼 호흡을 많이 활용해 말하였으므로 대사와 구분이 안 되었다.

(2) 10~11주차 : 포즈와 속도

오디오북에서 포즈와 속도는 매우 중요하다. 오디오북이라는 특성을 대표하는 중요 요인으로 내용과 맥락을 잘 이해해야 하는 기본 요소이다.

"여인은 다음과 같은 이야기를 들려주었다. 그녀는 이야기하기 시작했다. 여인은 한 손으로 절름발이 아이를 제 가슴에 안고, 한 손으로는 볼에 흐르는 눈물을 씻어냈다."

위의 문장 훈련에서 교육생 8의 경우 일단 속도가 급하고 발음훈련이 안되어 있어 낭독을 위한 오랜 훈련이 요구되었다. 또한 억양도 단조롭고 강조되는 음절이나 단어가 없었다. 따라서 공명을 조금 더 확장시켜 낮은 음색을 좀 더 둥글고 높게 만들어 훈련한다면 음색과 톤, 단조로운 억양과 발음 속도도 개선될 것이라 생각하였다.

"하지만 그녀는 가난하고 외로웠지요. 아는 사람도 없는 사고 무친이라 그녀는 외롭게 죽어 갔습니다. 이튿날 아침, 나는 그 이웃집으로 위문을 갔습니다. 오두막 안에 들어가 보니 가엾게도 아이들 엄마의 몸은 벌써 빳빳하게 굳어져 있었습니다."

상기 문장의 훈련 결과에서 교육생 6은 자연스러운 억양으로 대사의 감정을 잘 이끌어 갔다. 반면 속도가 전체적으로 빠르고, 문장에 따라 톤을 변화하는 등의 훈련이 필요하였다. 두 번째 줄 '이튿날' 부분을 시작할 때에는 시간의 흐름을 위해 문장 전에 포즈를 두거나 이전 문장보다 톤을 높여 시간의 변화를 주도록 하였다. 또한 낭독 시에도 지나친 감정표현은 지양해야 하지만 두 번째 줄 '외롭게 죽어 갔습니다.' 등의 문장을 낭독할 때에 낭독자가 그 감정에 조금 개입하여 표현을 해주는 것도 중요하다. 또한 강세 부분도 훈련이 필요하고 교육생 7의 경우 낭독 속도가 빨라 발음이 엉키는 부분이 있었다. 이에 음절마다 끊어 읽기 훈련과 자음과 모음의 조음 위치에 맞추어 분리해서 훈련하도록 하였다. 훈련이 반복될수록 내용에 따라 속도를 다양하게 조절하는 발전을 보였다.

(3) 12~13주차 : 억양과 강세

억양과 강세 역시 오디오북이 갖고 있는 특성 측면에서 매우 중요한 요인이다. 억양과 강세 훈련을 위해 다음의 문장을 낭독하게 하였다.

"이 구두장이는 제 집도 없고 땅도 없는 터라 구두를 만들거나 고쳐서 살림을 꾸려 갔다. 그 밖에 마을 사람들에게서 5루블 20카페이카를 받게 있었다."

상기 문장의 훈련 결과에서 교육생 6은 약간의 사투리가 섞인 독특한 억양이 있어 특색 있는 낭독을 하였다. 또한 교육생 4의 경우 특유한 억양이 있었는데 짧은 문장에서는 나타나지 않다가 긴 문장에서 반복적인 억양이 나타남을 보여주었다. 따라서 억양을 주지 않고 한 톤으로 건조하게 문장을 연습해 보면서 무엇이 중요한 부분인가를 생각하도록 하였는데 내용에 몰입하며 점점 자연스러운 억양으로 발전하였다.

앞의 문장 훈련 결과에서 교육생 9는 정확한 발음으로 입을 크게 벌리면서 단어나 음절을 또박또박 말하는 느낌이 들었는데 억양 부분에서 개선이 요구되었다. 가령 첫째 줄 마지막 부분에서 '살림을 꾸려 갔다'를 낭독할 때 '살림'에 큰 강세가 들어가고 '꾸려'에 작은 강세가 들어가야 자연스러운데 '꾸려'에 큰 강세가 들어가면서 내용의 흐름에 어색하게 영향을 미쳤다.

"그를 사랑하는 마음이 싹텄다. 긴 외투를 자기 쪽으로 끌어다 덮어 주었다. 그가 한쪽 밖에 남지 않은 빵을 먹어 버렸더니 내일은 먹을 빵이 없다는 것과 셔츠와 속바지까지 주어 버린 일들을 생각하자 그녀는 우울해졌다."

상기 문장의 훈련 결과 교육생 5의 경우 속도와 톤과 억양이 일정하여 변화 있는 낭독을 해야 함을 알았다. 상황을 이야기 하는 느낌이 더 들 수 있도록 훈련해야 하며 억양의 흐름도 부자연스러웠다. 첫째 줄 '사랑하는 마음이 싹텄다.'에서 '텃'에 강세가 들어간다거나 '끌어다 덮어주었다'에서도 '주었다'와 같은 부분에 강세가 들어가 억양과 강세 모두 훈련이 필요하였다.

(4) 14~16주차 : 음색과 톤

앞의 7~9주차에서 훈련하였던 음색과 톤에 대해 반복 훈련을 하여 변화와 발전의 상황을 확인하고자 하였다. 이를 위해 이미 7~9차에서 사용하였던 동일한 문장을 이용하여 낭독하도록 하였다. 훈런 결과에서 대부분의 교육생들이 눈에 보이는 성과를 보여주면서 본 훈련들이 효과가 있음을 확인하였다, 다만 교육생이 갖고 있는 신체적 장애는 훈련에 큰 장애가 되지 않는다는 사실도 알 수 있었다.

(5) 17~19주차 : 포즈와 속도

포즈와 속도도 이전 10~11주차에서의 훈련을 통해 교육생의 변화상황을 확인하였고 훈련의 결과 검증에서도 발전하였음을 알 수 있었다. 이는 교육생의 개인적인 노력과 지도 선생님의 적극적인 자세가 함께 작용했다고 할 수 있다. 다만 포즈의 경우 약간의 차이가 발견되기도 하였지만 눈에 띄는 정도는 아니었다. 따라서 포즈와 속도의 경우 반복되는 훈련과 꾸준한 연습이 큰 영향을 미친다고 할 수 있다.

(6) 20주차 : 억양과 강세

억양과 강세도 이미 앞에서 훈련했던 12~13주차 이후에 교육생의 발전를 알아보기 위해 본 20주차 훈련에서는 다음의 문장을 낭독하게 하였다.

"외투 같은 거 없어도 얼마든지 살 수 있어."

"도대체 어디로 갈 작정이오 ?"

'저기에 저런 돌이 없었는데'

'한 번 더 저 사람 곁으로 가볼까 ? 아니면 그대로 가 버릴까 ?'

훈련 결과에서 교육생 6의 경우 상기 문장에서 "도대체 어디로 갈 작정이오?" 문장에서 '갈 작정이오'에 강세가 들어가 부자연스러웠다. 또한 사투리에서 오는 억양과 어미 처리의 아쉬움 및 부적절한 음절의 강세를 주어 문맥의 흐름을 이해하는데 장애가 될 수 있는 요인을 제공하였다.

"여인은 이야기하기 시작했다. 그녀는 절름발이 아이를 제 가슴에 안고, 한 손으로는 볼에 흐르는 눈물을 씻어냈다."

상기 문장의 낭독 결과에서 교육생 8은 유사언어에서 '발음' '포즈' '억양' '음색'을 훈련하였는데 낭독을 함에 있어 필수적인 발음 부분에 있어서는 오랜 훈련이 요구된다. 또한 문장 분석을 통해 자연스러운 포즈에 대한 훈련도 꾸준히 지속해야 함을 인지하였다. 억양은 담백하긴 하지만 단조로운 느낌이 있고, 음색은 공명을 좀 더 둥글고 높게 확장하는 훈련을 한다면 전체적으로 조화로운 낭독자로 개선될 것이다.

본 훈련은 오디오북 텍스트 형상화를 위해 공감각적 보이스 액팅 훈련 성과를 알아보기 위한 목적으로 질적 훈련 사례를 분석하였다. 이를 위해 H도서관 시각 장애인들과 총 23주간 교육 및 제작을 하였고, 오디오북 텍스트는 톨스토이의《사람은 무엇으로 사는가》를 낭독하였다.

음색, 톤, 억양, 포즈, 속도, 강세의 유사언어를 활용하였고 사례 분석을 통해 다음과 같은 결론을 얻었다.

오디오 북 텍스트 형상화를 위한 음성 훈련에서 두 개 이상의 감각이 동시에 작용하는 공감각적 훈련은 낭독자에게 텍스트가 갖고 있는 본래의 목적과 의미, 배경들의 시각화를 촉진하면서 훌륭한 결과물을 창출하였다. 이러한 훈련과정을 통해 정적(靜的) 텍스트가 동적(動的) 이미지로 형상화 되는 공감각적 음성으로 개선되어 오디오북을 실감나게 낭독하였다.

결과적으로 다양한 텍스트를 입체감 있게 낭독할 수 있기 위해서 보이스 액팅 훈련의 활용은 매우 효과적이었으며 유사언어 활용의 꾸준한 훈련이 요구되었다. AHP분석을 통해 얻어진 우선순위 결과에 따른 훈련들을 현장에서 직접 적용하면서 공감각적 보이스 액팅 기본 훈련의 객관적이고 실증적인 측면을 확인하고자 하였다. 특히 시각장애인 수강생들을 대상으로 오디오북 텍스트 형상화를 위한 보이스 액팅 활용 훈련을 실시하여 결과물인 오디오북 제작에도 큰 성과가 있었다.

5장

공감각적 보이스 액팅

12단계 종합 훈련

공감각적 보이스 액팅 12단계 종합 훈련

AHP 분석을 통한 보이스 액팅 훈련 우선순위 결과와 3개의 모집단에 대한 실증적 훈련을 실시하여 오디오북 공감각적 보이스 액팅 기본 훈련으로 영감인지(靈感認知), 공감각적 음성화, 감정표현, 유사언어 활용 훈련을 구성하였고 이와 함께 질적 훈련 사례를 바탕으로 공감각적 보이스 액팅 12단계 종합 훈련을 제안하였다.

1. 제1단계 : 신체인식(全身認識) 훈련

신체인식(全身認識) 훈련은 전신의 긴장을 제거하고 마음을 차분하게 가라앉히는 훈련으로 낭독자의 음성을 '보이는 목소리'로 변화시키는 토대가 된다. 신체는 시간성과 공간성 안에서 오감을 표현하는 무한한 가능성을 지닌 매개체로서 이러한 신체인식 훈련을 통해 자신의 내, 외부적 형상을 파악하고 공감각적 음성을 표현할 수 있다.

신체인식(全身認識) 훈련은 자신의 신체를 인식하는 과정에서 신체의 모든 감각을 재확인하고 감각의 작용과 느낌을 자신이 생각하는 방향으로 집중할 수 있게 한다.

공감각적 보이스 액팅 종합 훈련 1단계 신체인식 훈련은 몸과 마음을 하나가 되게 만드는 훈련이다. 먼저 바로 서서 신체를 인식한다. 편한 자세로 양 발을 어깨 넓이 보다 조금 좁게 서서 몸의 무게를 발바닥에 균형 있게 싣는다. 발바닥의 세 꼭짓점으로 중심을 잡고 발바닥 전체를 고루 지지하며 서 있는 훈련이다. 눈을 감고 호흡을 편안하게 하며 머릿속으로 신체 내부의 호흡의 흐름을 따라 공간을 인식한다. 무념무상(無念無想)의 존재가 되어 온몸으로 순환하는 기(氣)의 흐름을 느끼며 전신 골격을 따라 '음' 소리로 허밍하며 전신을 형상화한다.

다음으로 정좌(正坐)는 신체 에너지를 원활히 흐르게 하여 심신의 뒤틀림이나 쏠림을 바르게 하는 자세이다. 우선 가부좌 자세로 앉아 손을 무릎에 가볍게 놓고 바닥에 닿아 있는 신체의 중력을 인지하며 편안하게 호흡한다. 가부좌 자세에서 척추를 바로 세우고 정수리 부분부터 척추를 타고 하체로 에너지를 이어지게 하고 깊은 호흡을 통해 횡격막의 움직임과 신체 내부 공간을 세밀하게 느껴본다.

몸의 에너지가 순환되어 심신이 하나됨을 인지하면서 호흡에 자신의 무의식을 흐르게 한다. 지면에 닿아있는 신체 바닥까지 숨이 들어온다고 상상하며 상체를 편안하게 하고 척추가 길어지고 넓어진다고 생각하면서 숨을 내보낸다. 전신에 흐르는 기운을 인식하며 무아(無我)상태로 호흡의 길을 따라 생각을 이동한다.

이 상태에서 자연스럽게 내면에서 일어나는 자신의 감정이나 느낌을 인식하며 몸 전체로 순환되는 공감각적 에너지의 흐름을 느낀다. 가부좌 자세에서 세포 감각을 인지하며 나가는 숨에 천천히 소리를 얹어 허밍하는데 이때 몸 골격 전체를 형상화하며 에너지를 순환시킨다. 이렇듯 공감각적 보이스 액팅 훈련 1단계 신체인식 훈련은 호흡과 에너지의 순환으로 신체를 내, 외부에서 인식하고 신체 골격을 형상화하는 단계이다. 이러한 과정 속에서 에너지의 흐름이 어떻게 변화하고 있는지 세밀하게 관찰하고 두 개의 시선으로 자신을 바라보며 호흡의 순환과 더불어 신체 내부의 공간을 인식하고 자신이 위치한 공간 속에서 외적으로 신체 전체를 인식한다.

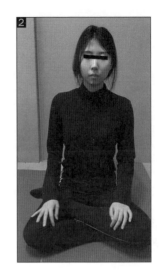

① 무념무상(無念無想)의 존재가 되어 온몸으로 순환하는 에너지의 흐름을 느끼며 전신 골격을 따라 '음' 소리로 허밍하며 전신을 형상화한다.

② 반가부좌 상태에서 두 눈을 감는다. 편안한 마음가짐으로 호흡하며 생각과 호흡의 흐름을 인식한다. 깊은 호흡을 통해 횡격막의 움직임과 신체 내부 공간을 세밀하게 느낀다.

2. 제2단계 : 감각인식(感覺認識) 훈련

감각인식(感覺認識) 훈련은 낭독자에게 '현재의 순간'을 경험하면서 실제와 가상이라는 이중 구조를 통합시키고 순간에 현존할 수 있게 하는 감각이다. 이는 본능적, 직관적 감각을 인지하면서 오감을 뛰어넘는 새로운 과정으로 자신의 경험과 감각, 감정 등을 인식하는 훈련이다.

공감각적 보이스 액팅 종합 훈련 2단계 감각인식(感覺認識) 훈련은 오감으로 전환하여 그 느낌을 경험하는 텍스트 형상화 훈련이다. 즉 텍스트가 요구하는 감정들을 오감으로 경험하는 감각자극 훈련이라 할 수 있다. 가령 촉감이 피부, 손끝, 신체 부위를 통해 직접 체감된다고 느낄 수 있지만, 실질적으로는 텍스트에서 받은 시상자극이 뇌로 전달되고 뇌는 그 신호를 우리가 어떻게 느껴야 하는지를 알려주는 과정을 거치는데 이것이 바로 '인식'이라고 할 수 있다.

감각에서 인식으로 연결되는 일련의 과정 속에서 뇌는 촉각뿐만 아니라 청각, 미각, 후각, 시각의 오감을 제어하고 관장한다. 또한 감정은 행위 준비성을 증진시키며 감각적으로 경험하는 반면 행동은 직접 행위 하는 것을 의미한다. 감정은 주관적인 경험이지만 행동은 객관성을 토대로 규제의 대상이 되므로 행동보다는 사회적 규범에 적합한 감정을 인위적으로 만들려고 한다. 그러나 감정을 제대로 표현하려면 감정을 통제하는 것이 아니라 감정의 흐름을 제대로 관찰하고 인식할 수 있어야 한다.

본 훈련에서 다루고자 하는 것은 텍스트 속 오감을 소리로 형상화하는 것이다. 이는 오감의 한계를 넘는 시도로서 본 훈련도 이러한 과정의 한 부분이다. 즉 소리의 감각 형상화는 인간의 뇌가 텍스트 내용의 전달을 오감으로 전환하고 소리로 입체화하여 종합적인 감각의 청각으로 전달하는 것이다. 또한 감각인식 훈련은 텍스트 형상화를 위해 새로운 감각 인식을 만들어 가는 훈련이다. 텍스트를 오감으로 전환하여 소리로 형상화한다는 것은 뇌와 오감을 자극하여 음성으로 변화하는 것인데 이러한 감각인식 훈련은 낭독자에게 '현재의 순간'을 경험하게 한다. 이는 실제와 가상이라는 이중 구조를 통합시키고 낭독 시 현존할 수 있게 하는 감각이다. 본 훈련은 감각을 인식하며 형상화되는 자신만의 고유한 경험을 음성을 통해 표현할 수 있음을 인지하였다. 이는 낭독자가 자신의 내면 상태 또는 정서적 태도를 초월해 직관적으로 감각화해야 하기 때문에 내재되어 있는 자신만의 경험과 감각, 감정 등을 인식 할 수 있도록 한다.

①양 손을 머리에 대고 깊은 호흡을 하면서 과거에 경험했던 감각들을 허밍과 함께 인식한다. '반응하고 존재할 수 있는 주체'로서 현재의 상태와 연결한다.

②양 손바닥을 두 눈에 대고 지긋이 눌러주며 오감의 기억뿐 아니라 상황과 정서를 현재 느끼는 것처럼 감각화 한다.

3. 제3단계 : 중심인식(中心認識) 훈련

중심인식(中心認識) 훈련은 자신의 호흡을 인식하고, 신체의 모든 감각을 집중하여 음성의 근원을 형상화하는 훈련이다.

공감각적 보이스 액팅 종합 훈련 3단계 중심인식(中心認識) 훈련은 신체의 중심을 인식하며 텍스트의 내용과 의미를 소리 형상화로 만드는 훈련이다. 이 과정에서 횡격막의 역할이 중요한데 횡격막은 흉부와 복부사이에 있는 돔 형태의 근육막이다. 황경막이 상하로 움직이며 폐가 부풀거나 줄어드는 공간을 형성하는데 흉식 호흡보다 3~5배의 공기를 공급할 수 있어 충분한 양의 산소가 전달되어 깊이있는 음성화를 가능하게 한다. 횡격막을 하부로 수축시키면서 숨이 최대한 들어오면 늑골이 확장되며 복강 공간이 넓어진다. 어깨의 긴장을 내려놓고 복강과 횡격막으로부터 중심 음성이 발생된다고 인식한다. 이를 통해 들숨과 날숨이 자연스럽게 조절되어 성대의 긴장 없이 근본적인 목소리를 발화할 수 있으며 이 과정에서 횡격막을 지지함으로써 폐활량이 증가되고 신체와 성대의 진동을 확대시켜 풍부한 음성을 만들 수 있다. 신체의 깊은 지점에서 울리는 중심음성은 감정과 감각을 주관하는 내적인 곳까지 영향을 미친다.

중심인식(中心認識) 훈련을 하면서 텍스트를 이미지화하며 소리로 형상화하면 중심음성을 찾는데도 도움이 된다.

두 손을 깍지 껴 복강과 횡격막 부위에 두고 그 곳에서 중심 음성이 발생된다고 인식하며 복부 아래 부분부터 숨을 채우고 상체의 진동을 느끼며 '음~' 소리로 허밍하며 숨을 나가게 한다. 손바닥을 배에 두고 숨이 들어옴에 따라 신체의 움직임을 인식한다. 어깨에 힘을 빼고 숨을 잠시 유지한 뒤 '허허허허~' 소리를 내며 음성의 중심 감각과 근원적인 울림 상태를 인식하도록 한다.

 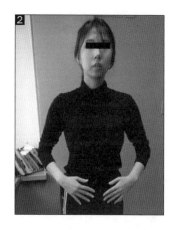

① 두 손을 깍지 껴 횡격막 부위에 두고 그 곳에서 중심 음성이 발생된다고 인식하며 복부 아래 부분부터 숨을 채우고 신체 중심의 진동을 느끼며 '음~' 소리로 허밍하며 숨을 나가게 한다.

② 양 손바닥을 배에 두고 숨이 들어옴에 따라 복부의 움직임을 인식한다. 어깨에 힘을 빼고 숨을 잠시 유지한 뒤 신체 중심에서 '허허허허~' 소리를 내며 음성의 중심 감각을 훈련한다.

4. 제4단계 : 전신호흡(全身呼吸) 훈련

전신호흡(全身呼吸) 훈련은 신체 전체로 하는 호흡 훈련으로 숨이 횡격막을 지나 골반을 열고 몸통 전체가 호흡에 관여하며 전신이 곧 소리가 된다는 것을 상상하며 체득하는 훈련이다.

공감각적 보이스 액팅 12단계 종합훈련 4단계 전신호흡은 오디오북에서 정확한 상황과 내용 전달을 위해 가장 중요한 호흡과 연관되어 있는 폐를 형상화를 하는 훈련이다. 폐의 움직임을 손으로 형상화한다는 것은 깊은 호흡의 흐름을 인식하고 자연스러운 음성과 연결하는 과정이다. 호흡을 위해서는 폐의 기능과 역할이 매우 중요한데 폐는 상엽, 중엽, 하엽으로 나누어져 있다. 그중 하엽의 면적이 가장 넓기 때문에 공기를 최대한 많이 저장할 수 있는 곳인데 호흡을 깊게 하라는 것은 이런 해부학적인 이유에서이다. 그러나 대부분의 사람들은 평상시에 중엽을 많이 사용하고 흡입한 공기는 중엽으로부터 채워지면서 순차적으로 상엽과 하엽의 순서대로 채워진다. 이러한 폐의 구조를 이해하면서 숨이 전신으로 들어간다고 생각하는데 이때 두 손으로 폐의 움직임을 형상화하며 가시화한다. 두 손을 폐 모양으로 부풀린 후 '뿌~' 소리를 내며 숨을 흩뿌린다. 폐의 움직임을 손으로 형상화하여 그 모습을 가시화한다. 전신이 호흡과 함께 확장되는 생각을 하면서 숨을 들어오게 하고 '뿌~' 소리를 보낸다. 이를 통해 자연스럽게 자신의 호흡을 인식하고 운용할 수 있게 되며 호흡의 공간과 호흡량을 조절할 수 있다. 이러한 폐 형상화 훈련은 전신을 모두 활용하는 훈련으로서 오디오북 텍스트의 형상화를 위한 기초와 원동력을 제공한다. 폐의 움직임을 손으로 형상화한다는 것은 깊은 호흡의 흐름을 인식하고 자연스러운 음성과 연결하는과정이다. 공감각적 보이스 액팅 종합 훈련 4단계 전신호흡(全身呼吸)은 오디오북 텍스트를 형상화 할 수 있는 보이는 목소리의 기본 훈련이다.

①폐의 움직임을 손으로 형상화하며 머리, 가슴, 배, 하체의 순으로 전신에 호흡이 채워진다고 생각한다. '뿌~' 소리를 내며 천천히 숨이 나가게 한다.

②①과 같이 폐의 움직임을 손으로 형상화하면서 전신호흡을 훈련한다. 손의 위치가 달라짐에 따라 변화되는 신체의 감각을 인지하고 어깨와 팔의 긴장과 늑골과 복부 등의 확장의 차이를 인식한다.

5. 제5단계 : 성도발성(聲道發聲) 훈련

성도(聲道)발성은 신체 깊은 곳까지 숨을 이동시키고 소리의 통로를 형상화 시키며 음성을 발화시키는 '소리길 형상화' 훈련이다.

성도발성(聲道發聲)은 성대가 열리는 모습을 형상화한 '소리길 형상화' 훈련이다. 이 훈련은 성대 접촉률 훈련을 접목할 필요가 있는데 이때 유의해야 할 점은 성대(Vocal cord)의 전체 면적을 사용하는 것이다. 목의 통로가 좁혀지고 힘이 들어가 있는 상태는 성대 뒷부분이 벌어지게 되며 성대에 무리를 주기 때문에 전신호흡과 함께 후두를 여는 훈련을 해야 한다.

성도발성은 공기가 성대를 지나면서 공명강 울림을 확장시키며 호흡과 함께 음성으로 발화 되어야 하는데 이때 호흡을 적절하게 유지하지 못하게 되면 성대의 접촉이 원활하지 못해 비효율적으로 공기가 빠져나가거나 성대에 무리를 주게 된다. 또한 음성화 과정에서 날숨을 한꺼번에 내보내면 강한 압력이 성대를 통과하게 되어 진동이 효율적으로 발생하지 못해 음이 길게 유지되지 못한다. 따라서 성도발성은 건강한 목소리를 위한 발성 근육의 준비된 이완 상태로 해부학적 이해와 더불어 꾸준한 훈련이 요구된다.

성도발성(聲道發聲)은 성대 접촉률 훈련을 통해 성대의 진동을 자신의 고유한 음성으로 발화시키는 것으로 오디오북 텍스트 형상화를 위해서 필수적인 훈련이다.

오디오북은 낭독자의 음성으로 오디오북 텍스트를 시각화하는 데 이를 위해 소리의 통로를 형상화하여 훈련하며 후두에서 경구개에 도달하는 동안 소리 에너지가 줄어들지 않도록 한다. 음성이 구강의 말랑말랑하고 연한 입천장이나 혀뿌리에 부딪쳐서 소모되기 쉬우므로 혀뿌리는 가능한 낮고 평평하게 하여 목구멍과 하나로 이어지듯이 연결되도록 한다. 또한 후두부를 열어 연구개와 목젖을 위로 올리며 확장시키고 혀뿌리가 아래쪽으로 내려가 구강과 인두강을 하나의 통로로 인식하며 훈련한다. 안정된 후두의 위치는 충분한 들숨의 유입, 후두의 위치 조정, 성대 접촉율의 증가에 영향을 미친다. 횡격막과 늑골의 운동으로 자연스럽게 숨이 신체 내부로 들어오도록 한다. 숨이 내적인 깊은 곳으로 이동되면 호흡근의 발달과 신체의 곳곳에 산소를 전달하여 생각과 충동 등 감정을 주관하는 내적인 곳까지 영향을 미쳐 창조적 영감이 생성된다.

 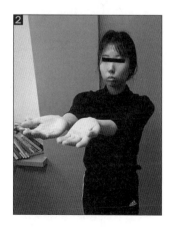

① 두 손바닥을 얼굴 앞에 마주보게 하고 어깨에 긴장을 내려 놓고 팔을 양 옆으로 벌리면서 숨을 깊게 들어가게 한다. 늑골과 복부의 확장을 관찰한다.

② 숨이 나가면서 '후~' 소리와 함께 양손을 앞으로 뻗는다. 이때 손끝으로 소리를 보내며 손끝을 지나 목표점까지 도달하도록 한다. 성대 접촉률 훈련을 위해 '아~', '아르르르', '구구구구' 등을 훈련한다.

6. 제6단계 : 순환공명(循環共鳴) 훈련

순환공명(循環共鳴)은 신체 공간을 인지하고 공명강 부분의 진동을 느끼며 울림을 순환하고 확장하는 훈련이다. 전신이 소리를 내는 데 관여하고 공명이 순환한다는 것을 인식한다.

공감각적 보이스 액팅 종합 훈련 6단계 순환공명(循環共鳴)은 신체 내부적으로 응축된 에너지를 진동시켜 음성으로 발화시키는 훈련이다. 머리, 어깨, 척추를 지나 하체까지 전신의 공간을 진동시키며 신체의 공명강을 활용해 호흡과 발성, 공명을 종합적으로 훈련한다. 또한 순환공명에서는 자세의 중요성도 제시하였는데 이완 및 확장된 신체의 정렬이 공명 음성을 만드는 공간을 창조하므로 바른 신체의 인식과 음성화 과정이 병행되어야 한다.

먼저 전신을 바로 세우고 신체의 각 공간을 두손으로 이동하며 그 부위에 울림을 훈련한다. 이어 신체를 둥글게 만들고 응축된 에너지를 음성으로 진동시키며 최대한 상체를 숙이고 뒷등까지 몸 전체로 깊게 호흡하며 나가는 숨에 '음' 소리를 낸다. 척추를 타고 이어지는 에너지가 원활히 순환되도록 하며 바닥에 닿는 부분의 진동을 느낀다.

이때 복부 한 가운데 응축된 에너지의 흐름을 감각적으로 형상화시켜 호흡과 함께 음성으로 공명한다.

① 머리부터 발끝까지 두손으로 신체의 각 부위를 이동하며 공간을 느끼고 그 공간마다의 울림을 인식한다. 특히 흉강공명과 공명강 부위를 세심하게 훈련하다.

② 안정된 마음으로 최대한 상체를 숙이고 뒷등까지 몸 전체로 깊게 호흡하며 '음' 허밍한다. 척추를 타고 이어지는 에너지가 원활히 순환되도록 하며 정수리가 바닥에 닿는 부분의 진동을 느낀다.

7. 제7단계 : 감정충동(感情衝動) 훈련

> 감정충동(感情衝動) 훈련은 오디오북 텍스트의 내용을 음성으로 형상화함에 있어 감정이 충동적으로 일어나 호흡과 상호작용을 하는 과정이다.

공감각적 보이스 액팅 종합 훈련 7단계 감정충동(感情衝動) 훈련은 감정의 크기만큼 호흡이 충동적으로 들어오고 그러한 충동이 음성으로 나가는 과정이다. 감정충동은 상황에 따른 신체적 반응 또는 내적 움직임에 따른 과정인데 충동은 내적인 행동을 부르고 내적인 행동은 외적인 행동으로 이어지는 자연스런 신체적 반응이다.

감정 충동은 반사적으로 호흡 작용이 일어나고 음성으로 발화되는데 이러한 충동은 언어 기관을 조정하는 근육들에게도 영향을 미친다. 따라서 텍스트를 보고 떠올려지는 이미지나 감각들이 뇌에서 충동적으로 느껴지고 그러한 충동이 음성으로 표현되므로 이때 호흡이 자유로워야 한다. 그렇지 못하면 발성 근육에 힘을 주거나 인위적으로 충동을 표현하게 되므로 훈련을 통해 개선한다.

이러한 감정충동 훈련은 감정과 호흡, 충동이 상호 작용하는 것으로 먼저 편안하게 누운 상태에서 감정을 무념무상(無念無想) 상태로 만들고 다양한 감정을 느껴보는 감정 충동 훈련을 한다. 또한 감정과 감각은 신체와 밀접한 관계에 놓여 있다. 감각이 신체를 통한 지각이라면 감정은 느낌이라고 말할 수 있으며 이는 모두 신체를 통해 발생하는 현상이다. 다양한 감각과 경험을 감정충동 훈련에 연계시켜 체화된다면 오디오북 텍스트를 입체적으로 형상화 시키게 될 것이다.

① 바닥에 누워 무릎을 세우고 편안하게 호흡한다. 감정을 무념무상(無念無想)상태로 만든 후 다양한 감정충동을 숨으로 들어오게 하고 그 감정을 나가는 호흡에 실어 보낸다.

② 무릎을 꿇고 앉아 두 손을 어깨 높이로 올려놓은 상태에서 머리에 힘을 빼고 호흡한다. 이러한 자세에서 감정의 변화로 인해 충동을 느낄 수 있는 문장을 훈련하고 신체 감각으로 체화시킨다.

8. 제8단계 : 감정표출(感情表出) 훈련

> 감정표출(感情表出) 훈련은 텍스트에서 요구되는 감정을 소리로 표출하기 위한 훈련으로 텍스트 속의 감정들을 이미지화하여 호흡과 감정을 종합적으로 형상화하여 표출하는 훈련이다.

감정표출(感情表出)은 텍스트에 내재된 감정을 표출하는 과정으로 낭독자는 자신의 감정을 중립화시킨 상태에서 텍스트가 요구하는 감정을 충동적으로 느끼면서 자연스럽게 표출하도록 한다. 이를 위해 텍스트에서 생성된 감정을 유사한 감정끼리 분류하여 라벨링하고 신체의 모든 감각에 집중하여 얼굴 표정과 행동 동사를 활용한 감정표출 훈련을 실시한다. 텍스트에서 나타나는 감정을 공감각적 음성으로 표출하는데 있어 움직임을 통한 감정표출은 무의식을 의식화하는 계기가 된다. 그러므로 공감각적 보이스 액팅 종합 훈련 8단계 감정표출(感情表出) 훈련은 자극이 들어오면 그것을 인식함과 동시에 충동을 느껴 음성과 표정 및 행동으로 표현하는 훈련으로 이러한 과정에서 신체, 표정, 감정, 감각, 호흡, 공명, 그리고 에너지 등을 동시에 종합하여 적용한다.

감정의 숨이 들어오게 하면서 오른팔을 천장 위로 올린다. 팔을 바꾸며 감정을 표출하는 '후' 소리를 내보낸다. 감정에 따라 팔을 바꾸어 가며 훈련한다. 이어 누운 자세에서 두 팔꿈치로 상체를 받치고 오른쪽 다리를 올리면서 감정의 숨이 들어오게 하고 다리를 내리며 그 감정으로 숨이 나가게 한다. 다리를 바꾸어 가며 훈련한다. 텍스트의 내용에 맞추어 팔과 다리의 동작과 감정을 변화시키며 충동적으로 느낀 텍스트 속의 감정을 목소리로 형상화시켜 표출한다.

① 감정의 숨이 들어오게 하면서 오른팔을 천장 위로 올린다. 팔을 바꾸며 감정을 표출하는 '후~' 소리를 내보낸다. 다양한 감정에 따라 팔과 신체의 움직임이 달라짐을 인식한다.

② 두 팔꿈치로 상체를 받치고 머리를 든 상태에서 들어오는 감정의 숨에 오른쪽 다리를 들고 다리를 내리며 '후' 소리를 내보낸다. 다리를 바꾸어 훈련하며 충동적으로 느낀 텍스트 속의 감정을 목소리와 신체로 형상화시켜 표출한다.

9. 제9단계 : 감정절제(感情節制) 훈련

감정절제(感情節制)는 텍스트가 갖고 있는 감정을 응축시키는 훈련으로 감정을 정제하고 다스리는 자기 몰입의 절제 훈련이다.

청자는 낭독자의 음성을 통해 텍스트의 다양한 느낌을 이해한다. 이때 낭독자의 지나친 감정 충동에 의한 표출은 청자로 하여금 오히려 텍스트에 대한 이해를 약화시킬 수 있으므로 감정의 균형을 위해 감정절제는 매우 중요한 요소이다.

특히 오디오북 이라는 특성을 고려해 볼 때 감정을 과도하게 표출하기 보다는 감정을 절제해서 표현하도록 한다. 이때 앞 뒤 문장과의 상호 연계성에서 흐름에 맞는 감정이 조화롭게 표현되어야 하며 훈련을 통해 감정 절제를 연습한다.

이를 위해 낭독자는 텍스트의 내용과 상황을 정확하게 분석하는 훈련이 필요하다. 이 과정에서 감정의 양을 느끼고 호흡과 음성으로 형상화하기 위해 전신으로 호흡하고 발성하며 공명하는 훈련이 필요하다.

감정이 극대화되어 호흡 사용량이 많아지면 가슴과 어깨를 많이 움직이게 되는데 이때 바른 자세를 유지하여 호흡양의 손실을 줄이면서 감정의 표현을 절제할 수 있도록 한다. 신체의 움직임을 활용하여 훈련한다.

먼저 텍스트의 감정을 극대화하여 표출하고 그 다음은 같은 텍스트로 감정을 절제하는 훈련을 한다. 텍스트의 감정보다 낭독자의 감정 상태가 과장되어 표현된다면 오디오북의 효과가 반감될 수 있기 때문이다.

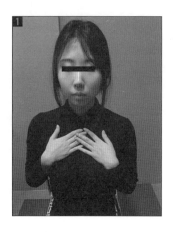 

① 손을 가슴 위에 대고 감정의 흐름을 인식한다. 들어오는 감정의 양과 질감 등을 세밀하게 느끼며 복부 아래 부분을 지나 감정의 숨을 깊이 들어오게 하고 절제하여 문장으로 내보낸다.

② 숨을 몸 전체에 들어오게 하며 양어깨와 팔을 뒤로 젖히고 다시 양어깨와 팔을 앞으로 보내며 호흡을 내 보낸다. 이 동작을 활용하여 텍스트 내의 다양한 감정을 절제하는 훈련을 한다.

10. 제10단계 : 표준발음(標準發音) 훈련

공감각적 보이스 액팅 12단계 종합 훈련 10단계 표준발음(標準發音) 훈련은 낭독자가 텍스트의 의미를 전달함에 있어 기본적이고 필수적인 과정이다. 발음은 호흡과 발성 그리고 공명과 조음의 소리화 과정으로 입안의 공간, 입술과 혀의 근육, 아래턱의 움직임 등으로 만들어 지는데 조음기관의 훈련을 위해서는 연구개와 목젖이 혀뿌리 부분과 멀어져 구강에 보다 넓은 공간을 확보해야 하며 발음을 명확하고 부드럽게 하기 위한 근육들의 이완 훈련이 필요하다. 훈련 과정에 호흡과 조음의 조화를 강조했으며 오디오북의 특성에 맞도록 표준 발음훈련을 하였다.

현재 중장년층 이하의 세대에서는 대다수 사람들이 7개의 단모음만 발음하고 있다. 이것은 표준발음법에서 허용하는 8개의 단모음 중 'ㅐ'와 'ㅔ'를 구분하지 못한 결과로 이때문에 일상생활에서 'ㅐ'와 'ㅔ'를 구별해야 하는 상황이 되면, 'ㅐ'는 '아이', 'ㅔ'는 '어이'라고 발음하는 경우가 흔하다. 현재 'ㅚ, ㅟ'를 단모음으로 발음하거나 'ㅐ'와 'ㅔ'를 구분하여 발음할 수 있는 경우는 전체국민 중 소수에 불과하며 그것도 노년층에 국한된다. 그러므로 표준발음법에 의거하여 공감각적 보이스 액팅 종합 훈련 10단계 표준 발음 훈련을 다음과 같이 실시하도록 한다.

〈표준 발음 훈련 방법〉

1. 연구개와 목젖을 혀뿌리 부분과 붙였다 떼었다를 반복하며 구강 확장 훈련을 한다.

2. 푸르르르~ 입술털기 훈련과 아르르르르~ 혀 털기 훈련을 한다.

3. 호흡과 공명을 함께 활용해서 2번의 훈련에 이어 모음을 소리내는 훈련을 한다. 예) 푸루루루——〉 우, 호로로로로——〉 오

4. 발음하기 어려운 단어의 음절을 자음과 모음으로 분리하여 아래의 그림을 참조하여 입안의 조음 위치에서 한음운씩 자음과 모음을 이동하며 훈련한다.

5. 표준 발음법에 의거하여 장단음 및 명확한 발음을 훈련한다.

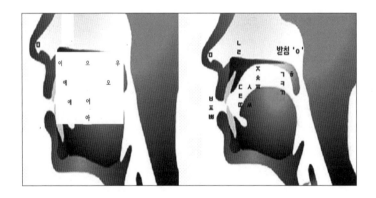

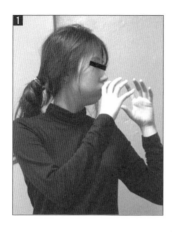 

① 자세를 바르게 하고 하품을 하며 호흡의 길을 따라가며 입안 공간을 인식한다. 이때 자연스럽게 나오는 숨에 '음~' 허밍을 하며 고개를 360도 천천히 돌리며 목 근육을 이완하고 구강 공명 및 두개골의 공명강을 인지한다. 하품의 마지막에 모음으로 이어서 소리를 발화하고 그 톤에 이어 텍스트를 한 음절씩 실습한다. 자음과 모음을 분리해서 훈련한 뒤 조금 빠르게 발음하면서 발음에 관련하는 근육들의 움직임을 관찰한다.

② 숨을 깊이 들어가게 하고 후두부분을 쥐면서 입술 털기로 '푸르르' 소리를 내며 오른쪽에서 왼쪽으로 꽃잎을 흩뿌리듯 시각화시키며 천천히 고개를 돌린다. 혀의 긴장을 풀기 위해 '아르르르르' 혀 트릴을 한다. 볼에 공기를 넣어 돌리며 연구개를 확장시킨 후 연구개와 혀뿌리를 붙였다 떨어뜨리는 훈련을 실시한다. 호흡을 골반까지 들어오게 하고 목표점을 설정하여 '가가가가가' '카카카카카' '게게게게게' 소리를 보낸다.

11. 제11단계 : 자유억양(自由抑揚) 훈련

자유억양(自由抑揚) 훈련은 말의 높낮이가 이루는 리듬을 통해 오디오북 텍스트의 내재적 의미를 자연스럽게 전달하는 훈련이다.

공감각적 보이스 액팅 12단계 종합 훈련 11단계 자유억양(自由抑揚) 훈련은 책을 낭독할 때 자연스럽게 중요한 곳에 강조가 되는 즉흥적인 음악의 리듬과 같은 요소로 낭독자의 개성과 특징을 잘 나타낸다.

이러한 억양이 자연스럽지 못하면 낭독의 과정이 낭독자와 청자 모두에게 불편할 수 있다. 억양은 발화의 기능을 구별해 주고, 낭독자의 발화 의도를 알 수 있는 역할을 하며 감정의 정도에 따라 구사된다. 자유억양 훈련은 텍스트가 요구하는 다양한 음성으로 자유로운 음의 변화를 가능하도록 하는 훈련으로 이 과정에서 억양과 강세 및 감정, 호흡, 발성 등이 조화롭게 이루어져야 한다. 훈련을 할 때에는 편안한 호흡으로 텍스트의 의미를 파악하면서 중요한 음절에 표시하고 강, 약, 중간 약과 같은 중요도를 두어 억양을 달리하며 낭독한다.

억양이 바뀌게 되면 텍스트의 의미도 변하게 되므로 낭독자는 어디에서 누구에게 왜 이 말을 하는지 끊임없이 몰입하여 무의식적으로 억양이 형성될 수 있도록 훈련한다.

자유억양 훈련은 목소리의 높낮이(Pitch)가 중심적인 요소이지만 동시에 다른 요소들과도 밀접한 관계를 갖고 복합적으로 나타나며 미묘한 억양의 변화에도 전하고자 하는 의도가 달라지므로 오디오 북 낭독자는 텍스트에 내재된 내용과 의도를 자신과 청자에게 모두 잘 전달하기 위해 자유억양 훈련이 요구된다.

① 양손 끝을 잡고 왼쪽으로 상체를 돌리며 숨이 들어가게 하고 문장을 낭독하면서 두 손을 억양과 함께 파도치듯 오른쪽까지 180도 움직이며 숨이 나가게 한다. 3회 반복한다. 이때 늑골의 위치 변화에 따라 숨의 흐름과 신체 내부를 인식하고 호흡과 억양의 관계를 관찰한다.

② 두 손을 상체 왼쪽에 두고 파도치듯이 손 모양을 만들어 180도 움직이며 문장의 리듬을 형상화한다. 이때 손의 움직임에 따라 무릎도 함께 반동을 주며 훈련한다. 3회 반복한다.

12. 제12단계 : 다변(多變)포즈 훈련

다변(多變)포즈는 텍스트 낭독에 있어 언어를 초월한 강력한 의미의 또 다른 언어로서 오디오북 텍스트의 내재적 의미와 행간에 감춰진 의미를 공감각적으로 형상화 시키는 훈련이다.

공감각적 보이스 액팅 종합 훈련 12단계 다변(多變)포즈 훈련은 내재된 텍스트의 의미와 내용에 대해 청자의 이해와 형상화를 돕는 핵심적인 요소이다. 다변(多變)포즈는 침묵하는 구간으로 낭독자는 호흡을 위해 멈추기도 하고 강조의 의미를 표현하기 위해 포즈를 활용하기도 한다. 예를 들어 오디오북 낭독 중에 다음 말을 하지 않고 포즈를 취한다면 청자는 일정 시간이 지나면서 이유를 알기 위해 집중을 하게 될 것이다. 이처럼 포즈는 오디오북 청자에게 있어 이전의 내용을 이해하기 위한 여백의 시간이기도 하지만 말소리가 없는 포즈의 순간도 텍스트를 형상화하며 내재적 의미를 전달받는 과정이다. 또한 같은 문장이라 하더라도 포즈를 어디에 두느냐에 따라 의미가 완전히 달라질 수 있으므로 포즈의 올바른 훈련은 오디오북 텍스트 형상화에 필수적이다. 적절한 포즈는 청자에게 텍스트의 의미를 정확히 전달할 수 있고, 텍스트 낭독자의 음성과 조화되어 전체적인 흐름을 이끌어가므로 적절한 포즈의 활용은 오디오북의 낭독에 있어 매우 중요한 요소이다.

다변포즈의 활용을 통해 텍스트를 공감각적으로 형상화하도록 하는 것이 다변(多變)포즈 훈련의 목적이다.

본 훈련은 다양하게 변하는 포즈를 활용하기 위해서 호흡과 발성, 공명, 발음훈련이 종합적으로 결합되어야 하며 낭독 전에 텍스트를 이해하고 분석하는 과정이 선행되어야 한다. 포즈는 오디오북 형상화를 위해 텍스트의 배경과 상황을 마음속으로 상상하며 그림을 그리는 지점이며 기억속에 간직되어 있던 감각과 감정을 불러와 자연스럽게 텍스트를 음성으로 재 형상화한다.

① 깍지 낀 팔을 머리 위로 올린 후 360도 회전하면서 포즈 훈련을 한다. 180도 돌아갈 때 까지 숨을 들어오게 하고 나머지 180도를 돌며 문장의 포즈와 동작을 일치시켜 훈련한다. 이때 문장의 의미마다 멈추며 상체의 근육을 이완하며 포즈를 신체 동작으로 훈련한다.

② 텍스트를 들고 걸으며 낭독한다. 내용에 따라 움직임을 동반해 문장을 읽는데 문장의 의미에 따라포즈를 두면서 멈추는 훈련을 한다.

6장

공감각적 보이스 액팅
훈련 검증

01
프랏 프로그램
그래프 검증

1) 프랏(Praat) 프로그램에 대한 이해

프랏(Praat)은 네덜란드어로 '말소리'를 뜻하는 음성 프로그램이다. 음성을 스펙트로그램(spectrogram)으로 시각화하며 파형을 통한 포즈(Pause), 억양(pitch), 강세(Intense) 등을 분석하여 소리를 형상화하기에 적합한 프로그램이다.

프랏(Praat)은 음역 대에 상관없이 분석이 가능하고 음성을 세분화하여 정확한 음성분석이 가능하다. 낭독자의 음성을 듣고 그 음성을 가시화하기는 쉽지 않지만 프랏을 통해 음성 그래프를 눈으로 보면서 오디오북 낭독자의 음성을 시각화 하는것은 오디오북 낭독자의 공감각적 보이스를 형상화하는데 보다 효과적일 것이다. 이에 따라 오디오북 낭독자의 유사언어 활용 훈련 요소인 포즈, 억양, 강세를 공감각적 보이스 액팅 기본 훈련 전, 후로 측정하여 프랏(Praat) 음성 분석을 통해 오디오북 텍스트 형상화의 유무를 살펴보았다.

2) 유사언어를 활용한 오디오북 텍스트 형상화 검증

본 저서에서는 유사언어 활용 중에서 포즈와 억양, 강세를 이용해 음성 범위를 설정하고, 음성분석 프로그램 프랏을 사용하여 훈련 참가자의 오디오북 텍스트 낭독 음성을 분석하였다.

훈련 참가자는 서울 시내 학원에서 성우 교육을 받고 있는 수강생으로 공감각적 보이스 액팅 훈련을 매주 2회씩 12주간의 일정으로 진행하였다. 이에 따라 저자가 직접 오디오북을 낭독한 문장 중에서 공감각적으로 형상화 할 수 있는 아래의 텍스트를 발췌하였다.

> 오목이가 말을 마치고 발끝으로 땅바닥을 직직 긋는 발장난을 했다.

(1) 프랏(Praat) 포즈(Pause) 분석

포즈(Pause)는 공감각적 보이스 액팅 훈련 검증 과정에서 낭독자가 음성을 통해 오디오북 텍스트를 효과적으로 전달하기 위한 필수 요소로서 의미에 따라 말을 멈춰 강조하거나 기대감을 유발시키기 위해 일시적으로 혹은 길게 멈추는 것을 말하는데 낭독자가 오디오북 텍스트 낭독 시 포즈를 어디에 두는지에 따라 그 의미가 달라질 수 있다. 포즈는 ∨, /, //과 같은 자신만의 끊기 부호를 사용하여 표시하도록 한다. ∨는 문장 내의 음절과 음절 사이의 상호 관계를 명확하게 만들기 위한 짧은 멈춤으로 문장을 듣는 청자가 끊어짐을 느끼지 못할 정도로 순간 멈추지만 말의 흐름을 이어가는 데 중요한 역할을 한다.

'/'는 문장 안에서 나타나는 짧은 끊기로서 기본적으로는 문장의 성분과 내용의 흐름 사이의 연관 관계를 분명하게 하여 문장의 뜻을 명확히 전달하는 역할을 한다.

'//'는 사건의 전환, 시간의 흐름 등 의미적으로 변화가 있어 톤을 달리하거나 내재적 의미를 형상화하기 위해 문장과 문장 사이에서 쉬어 가는 끊기 부호이다.

이처럼 훈련자가 직접 오디오북 텍스트에 ∨, /, //과 같은 끊기 부호를 사용하여 포즈를 표시하는 과정이 필요하다.

가. 유사언어 활용 훈련 전 포즈(Pause) 그래프 분석

오목이가 말을 마치고 ∨ 발끝으로 땅바닥을 직직 긋는/ 발 장난을 했다.

유사언어 활용 훈련 전 훈련 참가자는 '말을 마치고'에 ∨(순간끊기)를 표시했고 '직직 긋는'에서 '/(짧은 끊기)'를 사용하였다. 그러나 텍스트에 표시한 끊기 부호와 달리 오디오북 문장을 낭독할 때에는 포즈가 거의 없이 그냥 하나의 호흡으로 전체 문장을 읽는 오류를 범하였다. 이것은 포즈를 표시해 놓았어도 활자화된 텍스트에만 집중하여 발생하는 오류로 결국 문장의 뜻과 내용이 맞지 않는 지점에 포즈를 두게 되었다. 이 문장을 토대로 본 연구를 위해 프랏 프로그램에 최저 50Hz, 최대 250Hz로 피치(Pitch) 값을 설정하고 위의 오디오북 텍스트로 훈련 참자가의 음성을 입력시켰다.

〈유사언어 훈련 전 포즈(Pause) 그래프 분석〉

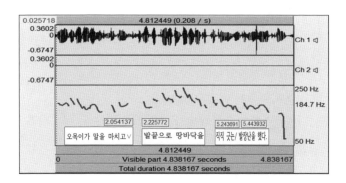

유사언어 활용 훈련 전 포즈(Pause) 그래프를 살펴보면 '오목이가 말을 마치고'에 순간 끊기(∨)'가 표시된 구간은 '마치고' 부분(2.05초)에서 '발끝으로'(2.22초)가 시작되는 부분까지 0.17초 순간 포즈를

하며 다음의 '발끝으로' 문장이 바로 이어졌고 또한 훈련 참가자가 '직직 긋는'(5.24초)과 '발장난을 했다'(5.44초) 사이에 '짧은 끊기(/)'를 체크한 구간은 '직직 긋는' 과 '발장난을 했다' 사이에 0.2초의 '순간 끊기(∨)'가 되어서 텍스트에 표시한 끊기 부호 사용과 실제 그래 프 포즈가 맞지 않음을 알 수 있었다.

나. 유사언어 활용 훈련 후 포즈(Pause) 그래프 분석

> 오목이가 말을 마치고/ 발끝으로 땅바닥을 직직 긋는 ∨ 발 장난을 했다.

유사언어 활용 훈련 후의 포즈 분석에서 변화를 살펴보면 훈련 참가자는 '오목이가 말을 마치고'에 /를 표시하여 '짧은 끊기'를 두 었고 이어지는 '발끝으로 땅바닥을 직직 긋는' 중 '직직 긋는'에서 순간 끊기(∨)'를 시도하여 문맥에 맞는 적절한 포즈를 구사하였다.

오디오북 텍스트가 형상화되는 문장이 '발끝으로 땅바닥을 직직 긋는' 임을 감안할 때 '직직 긋는'에서 순간 끊기(∨)의 포즈를 두어 뒷 문장인 '발장난을 했다'로 부드럽게 이어지는 것이 문맥에 맞는 포즈 활용이라고 할 수 있다.

훈련 후 변화된 다음의 그래프에서 오디오북 텍스트 '오목이가 말을 마치고' 그래프를 보면, '마치고' 부분(1.46초)에서 '발끝으로'(1.78

초)가 시작되는 부분까지 0.3초 포즈를 두어 '짧은 끊기(/)'를 사용
하였다. 또한 '직직 긋는' 텍스트 부분(3.74초)과 '발장난을 했다' 부
분(3.80초) 사이에 0.06초로 순간 끊기(∨)'를 보여 적절한 포즈의 끊
어 읽기를 보였다.

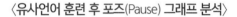

〈유사언어 훈련 후 포즈(Pause) 그래프 분석〉

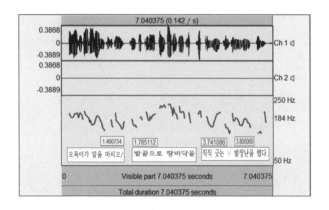

따라서 훈련 참가자는 유사언어 활용 훈련 후 포즈 변화에서 자
신이 직접 오디오북 텍스트에 끊기 부호(∨, /, //)를 사용한 부분
과 실제 음성과의 포즈(Pause)가 일치하여 보다 정확하게 오디오
북 음성을 청자에게 전달함이 가능해졌고 오디오북 낭독자의 공감
각적 음성을 통해 오디오북 텍스트를 형상화 시킬 수 있는 토대를
마련하였다.

(2) 프랏(Praat) 억양(Pitch) 분석

억양(Pitch)은 말의 높낮이로 낭독자의 감정과 의도를 전달하기 위해 낮게 또는 높게, 강하게 또는 약하게 표현하는 것을 말한다.

폐에서 성대를 진동시킨 공기가 나가게 되면서 성대의 진동수가 생기는데, 많은 진동수에 의해 생성되는 높은 음과 적은 진동수에 의해 만들어지는 낮은음의 고저가 억양(Pitch)이다. 이에 따라 스타이언이 제안한 화살표(↗↘↑↓)를 이용해 음성분석 프로그램 프랏의 그래프에 어미의 높낮이를 표시하며 음성을 가시화 하였다

가. 유사언어 활용 훈련 전 억양(Pitch) 그래프 분석

억양(Putch)은 음성의 리듬이라고 할 수 있는데 말을 하거나 낭독할 때 의미에 따라 자연스러운 억양이 형성되도록 훈련한다.

〈유사언어 훈련 전 억양(Pitch) 그래프 분석〉

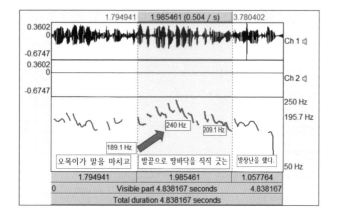

참가자 Pitch(억양)분석 그래프는 미니멈(Min) Pitch가 63.4Hz 이고 맥시멈(Max) Pitch가 240Hz를 보이는 파형으로 '오목이가 말을 마치고' 텍스트에서 '마치고' 부분 억양이 189.1Hz까지 떨어져 문장 전체를 끝맺는 느낌이었다가 "발끝으로 땅바닥을 직직 긋는" 피치가 가장 높은 구간으로 갑자기 상승하여 '땅바닥을' 부분(240Hz)과 '직직 긋는' 부분(209.1Hz)에서 억양이 높았다. 즉 그래프를 분석해 보면 Pitch가 변화된 파형이 억양이 달라짐을 나타내고 있는데 훈련 전에는 문장의 의미와 상관없이 갑작스럽게 피치가 올라가거나 필요 이상으로 내려가는 양상을 보았다.

억양은 감정과 의도를 전달하기 위한 음성의 높낮이로 낮게 또는 높게, 강하거나 약하게 표현되어야 하는데 훈련자의 억양이 불안정하게 되면 작은 억양의 변화에도 전달 의도가 달라질 수 있다. 따라서 포즈(Pause)의 활용과 함께 강, 약, 중간 약 같이 문맥에 맞는 적절한 억양(Pitch)을 훈련한다.

나. 유사언어 활용 훈련 후 억양(Pitch) 그래프 분석

훈련자의 억양을 살펴보면 훈련 전에는 문장의 의미 이상으로 억양이 내려가거나 갑작스럽게 올라가는 양상을 보였다. 억양은 중요한 음절이 자연스럽게 올라가는 등 문장에 집중하여 감정과 함께 형성되는 것이 중요하다.

오목이가 말을 마치고/ 발끝으로 땅바닥을 직직 긋는 ∨ 발
장난을 했다.

〈유사언어 훈련 후 억양(Pitch) 그래프 분석〉

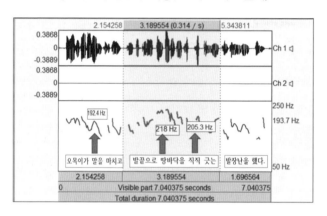

유사언어 활용 훈련 후 그래프를 살펴보면 "오목이가 말을 마치
고" 부분에서 '말'(192.4Hz)에 억양이 높았고 '땅바닥을 직직 긋는'에
서 '땅'(218Hz)과 '직'(205.3Hz)에서 억양이 높아 문맥에 맞는 적절한 억
양을 구사했으며 텍스트에 체크한 포즈와 일치시키며 평균 200Hz
편안한 억양으로 낭독하였다.

또한 오디오북 텍스트를 진심어린 음성으로 청자의 귀에 잘 전달
될 수 있는 억양이 구사되려면 아래의 문장처럼 '발끝으로' 부분에
'순간 끊기(∨)'부호를 사용해도 좋다.

> 오목이가 말을 마치고/ 발끝으로∨ 땅바닥을 직직 긋는 ∨ 발
> 장난을 했다.

즉 억양은 중요한 곳에 자연스럽게 강조가 되는 것이므로 훈련자의 음성 그래프에서 '땅'에 억양이 높은 부분(218Hz)을 감안해 볼 때 '땅바닥을' 낭독 전에 ∨ 끊기 부호가 들어가 순간 포즈를 두어 부드럽게 억양을 주는 것이 문맥에 맞는 적절한 억양라고 볼 수 있다.

(3) 프랏(Praat) 강세(Intensity) 분석

오디오북 낭독자가 단어와 음절을 어떻게 강조하느냐에 따라 그 의미가 달라질 수 있다. 강세(Intensity)는 음성의 크기를 나타내는 중요한 척도로 오디오북 텍스트의 뜻을 이해시키는 중요한 요소이며 낭독자가 그 말을 하려는 충동과 결합한다. 즉 강세는 중요한 음절의 강조와 더불어 인물의 감정과 연결된다.

가. 유사언어 활용 훈련 전 강세(Intensity) 그래프 분석

강세(Intensity)는 목소리의 높낮이인 억양(Pitch)을 비롯한 다른 요소들과도 밀접한 관계를 갖는다.

억양(Pitch)이 높은 구간인 '발끝으로 땅바닥을 직직 긋는'을 확대해보면 강세(Intensity)와도 깊은 연관이 있는 것을 볼 수 있다.

오목이가 말을 마치고/ 발끝으로∨ 땅바닥을 직직 긋는 ∨ 발
장난을 했다.

'땅바닥을' 부분(74.11db)와 '직직' 부분(70.8db)에서 강세가 높게 나
타났다.

〈유사언어 훈련 전 강세(Intensity) 그래프 분석〉

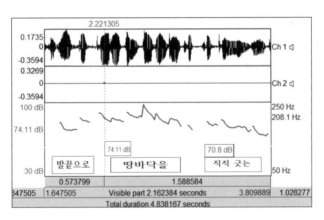

오디오북 텍스트에서 어디를 강조하느냐에 따라 의미가 달라질
수 있기 때문에 청자가 문장의 내용을 올바르게 이해하기 위해서는
문장의 의미에 부합하는 올바른 강세가 중요하다. 강조는 낭독자가
그 말을 하려는 목적과 이유에 의해 충동이 일어나는 경우가 대부
분이며 방언의 경우 억양에 의한 강조가 생기기도 한다. 일상에서

말하고자 하는 충동 없이 말하는 경우에 듣는 사람은 그것이 마음으로 전해지지 않으며 진심이 아니거나 빈말이라는 것을 알 수 있다. 그 바탕에는 강조되는 부분을 통해 감정의 에너지를 느끼기 때문이다. '표준어 화법'에서 '강세'를 음절에 적용되는 법칙이라고 본다면 '강조'는 의미 구분을 위한 낱말의 강세라 할 수 있는데 본서에서는 이 둘을 혼용하여 강세로 통일하였다.

나. 유사언어 활용 훈련 후 강세(Intensity) 그래프 분석

음성분석 프로그램 프랏(Praat)을 통해 강세 분석을 실시한 결과 억양이 높은 '땅바닥을 직직 긋는' 부분을 확대해보면 역시 강세와도 깊은 연관이 있는 것을 볼 수 있다.

〈유사언어 훈련 후 강세(Intensity) 그래프 분석〉

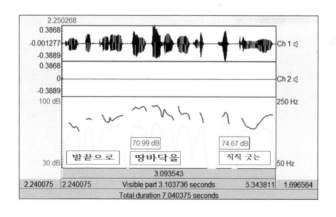

'땅바닥을 직직 긋는'에서 억양은 '땅'(218Hz)과 '직'(205.3Hz)에서 높게 나타났으며 억양이 '땅'(218Hz)과 '직'(205.3Hz)에서 억양이 높은 부분 '땅바닥을' 부분(70.99db)와 '직직' 부분(74.67b)에서 Intensity(강세)가 높게 나타났다. 즉 훈련 참가자 유사언어 활용 훈련 후 그래프 분석결과 강세(Intensity)가 중요 문장에 적절히 들어갔다. 이는 오디오북 텍스트의 의미를 청자에게 전달하고 낭독자의 공감각적 음성을 통해 오디오북 텍스트를 형상화 시킬 수 있도록 낭독자의 음성을 가시화한 것이다.

3) 모음분석을 통한 포먼트(Formant, 공명) 분석

올바른 공명은 호흡 방법에 의해 결정되기 때문에 공명은 호흡에 영향을 받는다고 할 수 있다. 가령 횡격막 호흡을 하면 횡격막이 하강하고 후두도 아래로 내려가게 되면서 발성에 이상적인 위치가 된다. 생성된 소리에 크기와 질감을 입혀주는 공명을 흉식공명, 복식공명, 흉,복식공명, 전신 공명, 공명강 울림 등으로 구분하였다. 각 공명은 호흡과 함께 이루어지므로 올바른 호흡훈련과 공명훈련이 필요하고 이 과정에서 긴장을 완화하는 훈련도 필요하다.

스펙트럼(Spectrum)은 성도 모양의 변화를 지정된 시간선상에서 연속적으로 볼 수 있는 분석 방식이다. 지정된 시간선상에 대해서는 스펙트럼(Spectrum)이라고 하고, 여러 개의 시간 지점에서 분석된 스펙트럼의 복수를 스펙트라(spectra)라고 한다. 시간선상에 스펙트

라를 연이어 표시하고 해당 주파수마다의 진폭의 강도를 함께 나타
낸 그래프를 스펙트로그램(Spectrogram)이라고 한다.

〈스펙트로그램(Spectrogram)〉

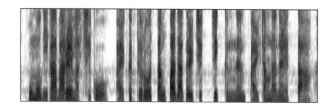

모음은 성도 모양에 따라 다르게 공명되며 이때 혀, 턱, 입술의
위치에 영향을 받는다. 포먼트(Formant)는 모음을 발음할 때 발생하
는 공명 주파수로 음성의 연속된 스펙트럼(Spectrum) 그래프에서 에
너지 정점에 해당하는 부분을 연결하여 나타내어 보면 각각의 포
먼트는 조음기관의 변화를 나타낸다. 모음을 효율적으로 분석하기
위해서는 성도의 공명 주파수인 포먼트(Formant)를 활용할 수 있다.
포먼트(Formant)는 모음을 발음할 때 발생하는 공명 주파수로 특
정 주파수대에서 구강 내 공명이 일어남을 형상화 한 것이다. 모음
은 입안의 방해가 없어서 자음보다 입안의 공간을 더 효과적으로
울릴 수 있다.
포먼트(Formant) 주파수는 스펙트로그램 상에서 검은 띠로 나타
나며 이는 특정 주파수대에서 구강 내 공명이 일어남을 형상화하

는 것으로 제일 아래 검은 띠부터 '제1포먼트(F1)', '제2포먼트(F2)'
로 불린다.

첫 번째 공명주파수(first formant, F1)와 두 번째 공명 주파수(second
formant, F2)를 이용하여 조음과의 연관성을 밝혀낼 수 있다.

주파수 첫 번째 부분은 턱의 열림 정도를 나타낸다. 턱을 많이 내
려서 입을 벌릴수록 값이 높아진다. 두 번째 띠로 연결된 부분은 주
로 혀의 앞, 뒤의 위치를 나타낸다. 혀가 앞으로 갈수록 높아지고 뒤
로 갈수록 낮아진다.

두 번째 공명 주파수(second formant, F2)는 혀의 앞, 뒤의 위치를 나
타낸다.

〈모음 체계와 포먼트 주파수〉

혀의 높이 \ 혀의 전후 / 제2 포먼트 / 제1 포먼트		전설모음 ← F2 높음		후설모음 F2 낮음→	
고모음	↑ F1 낮음	ㅣ	ㅟ	ㅡ	ㅜ
중모음		ㅔ	ㅚ	ㅓ	ㅗ
저모음	↓ F1 높음	ㅐ		ㅏ	
입술의 모양		평순	원순	평순	원순

각 모음마다 포먼트를 수치를 비교한 결과 F1은 모음의 높이와
관계가 있고, F2는 혀의 위치와 관계가 깊다. 예를 들어 고모음인 '
우'는 F1 수치가 낮지만, 저모음인 '아'는 반대로 F1 수치가 높다.
따라서 모음의 높이와 F1의 값은 반비례한다. 전설모음과 후설모

음의 경우, 전설모음의 F2는 높게 나타나고, 후설모음의 F2는 낮게 나타난다.

앞의 이론을 바탕으로 공감각적 보이스 액팅 훈련 검증을 위해 본 저자가 직접 낭독한 오디오북 문장 중에서 공감각적으로 형상화 할 수 있는 텍스트를 선별하고 스펙트로그램(Spectrogram)과 포먼트 (Formant)를 분석하였다.

아래의 오디오북 텍스트 중에서 모음만을 발췌해 보면 다음과 같다.　 ·

인재는 한 눈을 꿈쩍하고 집게손가락으로 쉬이 자기 입을 막아 보였다.

위의 텍스트에서 스펙트로그램(Spectrogram)과 포먼트(Formant) 분석을 위해 모음만을 선별하여 보면 다음과 같다.

인재는	한 눈을 꿈쩍하고	집게손가락으로
ㅣㅐ ㅡ	ㅏㅜ ㅡ ㅜ ㅓ ㅏ ㅗ	ㅣㅔㅗ ㅏㅏ ㅡㅗ
쉬이　자기　입을 막아 보였다.		
ㅟㅣ　ㅏㅣ　ㅣㅡㅏㅏ ㅗㅕㅏ		

위의 오디오북 텍스트에서 [한 눈을 : '한'에서 '아' 모음], [꿈쩍

하고 : '꿈'의 '우' 모음], [집게 손가락으로 : '집'의 'ㅣ' 모음]을 분
석한 스펙트로그램(Spectrogram)은 다음과 같다.

〈스펙트로그램(Spectrogram)을 통한 음성 시각화〉

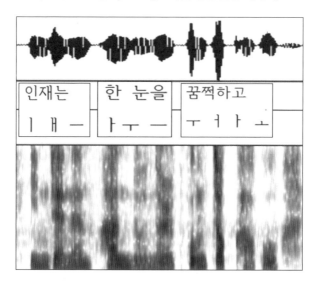

　　오디오북 텍스트의 모음 음가를 가시화하기 위해서는 모음을 발
음할 때 발생하는 공명 주파수인 포먼트(Formant)에 대한 이해가 전
제되어야 한다. 더불어 포먼트가 까만 띠로 나타나는 스펙트로그
램(spectrogram)에 대한 이해가 필수적이다. 모음 '이'에서 '아'까지
발음하면 스펙트로그램(spectrogram)에 까만 띠로 나타나는 포먼트
(Formant)의 간격이 점차 좁아지는 것을 알 수 있다.

교육생 모음 낭독에서 포먼트(Formant)를 분석하면 다음 그래프
와 같다.

인재는	한 눈을 꿈쩍하고	집게손가락으로
ㅣ ㅐ ㅡ	ㅏ ㅜ ㅡ ㅜ ㅓ ㅏ ㅗ	ㅣ ㅔ ㅗ ㅏ ㅏ ㅡ ㅗ

〈포먼트(Formant) 분석을 통한 음성 시각화〉

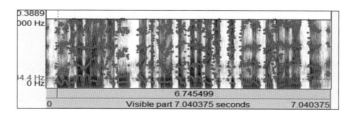

위의 오디오북 텍스트에서 포먼트(Formant)를 수치로 나타내보면
다음과 같다.

[한 눈을 : '한'에서 '아' 모음 F1 : 1190 F2 : 1758],

[꿈쩍하고 : '꿈'의 '우' 모음 F1 : 813 F2 : 1731],

[집게 손가락으로 : '집'의 'ㅣ' 모음 F1 : 1124 F2 : 2018]

표준 발음의 포먼트는 국가 단위의 대규모 조사를 바탕으로 연
령별, 성별, 지역별 평균값과 표준편차를 파악해야 준거로서의 의
미를 지닌다.

한국인 남·여 표준 발음 포먼트를 정리하면 다음과 같다.

〈한국인 표준 발음 포먼트〉

모음		F1	F2
아	남자	738	1372
	여자	986	1794
애	남자	591	1849
	여자	677	2285
에	남자	490	1968
	여자	650	2377
이	남자	341	2219
	여자	344	2814
오	남자	453	945
	여자	499	1029
외	남자	459	1817
	여자	602	2195
우	남자	369	981
	여자	422	1021
위	남자	338	2114
	여자	373	2704
어	남자	608	1121
	여자	765	1371
으	남자	405	1488
	여자	447	1703

〈남자 공명 포먼트(평균)〉   〈여자 공명 포먼트(평균)〉

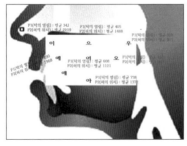
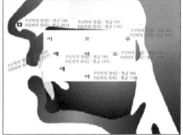

한국인 여성의 표준발음 포먼트와 교육생의 표준발음을 비교해
보면, 다음과 같다.

한 눈을 : '한'에서 '아' 모음

F1 : 1190 로 평균 986보다 높았다.

F2 : 1758 표준오차 범위내에 있다.

꿈쩍하고 : '꿈'의 '우' 모음

F1 : 813 평균 422보다 높다.

F2 : 1731 평균 1021보다 높다.

집게 손가락으로 : '집'의 'ㅣ' 모음

F1 : 1124 평균 344보다 높다.

F2 : 2018 2814 표준오차 범위내에 있다.

앞의 수치를 분석해보면 다음과 같다.

인재는	한 눈을 꿈쩍하고	집게손가락으로
ㅣ ㅒ ㅡ	ㅏ ㅜ ㅡ ㅜ ㅓ ㅏ ㅗ	ㅣ ㅔ ㅗ ㅏ ㅏ ㅡ ㅗ

한 눈을 : '한'에서 '아' 모음

'아' 모음은 혀의 높이로 저모음이며 혀의 위치상 후설모음인데,

F1 : 1264 로 평균보다 혀의 높이를 더욱 '저모음'으로 발음하였다.

꿈쩍하고 : '꿈'의 '우' 모음
'우' 모음은 혀의 높이로 고모음이며 혀의 위치상 후설모음인데
교육생은 '우' 발음을 F1 : 813 평균 422보다 높아서 마치 모음 '아'
처럼 저모음으로 발음하였다.

집게 손가락으로 : '집'의 'ㅣ' 모음
'ㅣ' 모음은 혀의 높이로 고모음이며 혀의 위치상 전설모음인데
교육생은 F1 : 1124로 평균 344보다 훨씬 높고 '아' 모음처럼 저모
음이며 혀의 위치상 후설모음으로 발음하였다. 즉 표준발음 분석에
서 교육생은 우' 모음과 'ㅣ' 모음을 '아' 모음처럼 혀의 높이가 저모
음이며 혀의 위치상 후설모음으로 발음하였다.

이러한 결과를 통해 표준발음에서 스펙트로그램(Spectrogram)과
포먼트(Formant)분석을 통해 모음을 가시화하였고, 낭독자의 공명
분석을 통해 오디오북 텍스트 형상화 유무를 살펴보았다.

02
뇌파검증

1) 뇌의 일반적 특징

대뇌피질의 4가지 영역과 기능

인간의 뇌 영역은 모든 신체활동의 기능을 관장한다. 생존을 담당하는 신체 활동과 학습, 기억, 정서기능은 주로 뇌의 변연계에서 담당하고, 인간의 복잡한 정신활동은 뇌의 대뇌피질(Cerebral Cortext)에서 이루어진다. 이러한 대뇌피질의 기능은 크게 4가지의 영역으로 나뉘는데 다음과 같다.

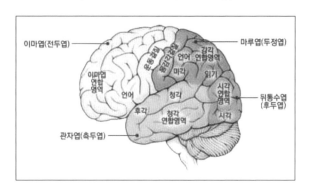

〈대뇌피질의 4가지 영역과 기능〉

가. 전두엽(Frontal Lobe)

전두엽은 뇌의 앞부분에 위치하며, 전체 피질 중 가장 넓은 부위
이다. 사고력, 감정조절, 집중력조절 등 가장 복잡한 기능을 수행하
며, 모든 감각연합적으로 처리하는 영역이다.

나. 두정엽(Parietal Lobe)

두정엽은 정수리 부분에 위치하며 인체의 해당 기관에 운동 명령
을 내린다. 또한 언어와 미각 자극을 처리하는 영역이다.

다. 후두엽(Occipital Lobe)

후두엽은 뇌의 뒷부분에 위치한 부위이며, 시각 자극을 처리하는
영역이다. 시각 중추가 있어서, 눈을 통해 들어온 시각 정보는 후두
엽에서 물체의 형태나 위치, 운동 상태를 분석한다.

라. 측두엽(Temporal Lobe)

측두엽은 뇌의 좌우측에 존재하며 균형 감각과 청각 자극을 처리하는 영역이다. 측두엽 안에 아주 작은 청각 중추가 존재하며, 인지와 기억 공간 인지와 관련이 있다.

〈인간의 뇌 구조〉

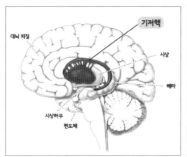
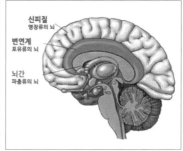

인간은 변연계를 통해 복잡한 상황들을 해석하는데 변연계에서 이루어진 '감정'이 내적 상태를 분석하게 한다. 변연계는 깊숙이 자리했던 정서와 본능이 감정이 격해질 때 우리 내부에서 솟아오르도록 이끄는데 이렇게 감정이 크게 요동칠 때에는 뇌에서 합리적 사고를 담당하는 부분이 이를 통제하기 힘들다. 변연계의 여러 구성원들은 기억형성에 밀접하게 관련되어 있어 감정이 고양되면 강렬한 기억이 형성되기 때문에 기억을 회상할 때에는 그 당시 느낀 감정과 감각을 다시 느끼게 된다. 뇌의 중심부에 위치한 변연계는 감정을 조절하는 편도체, 기억을 임시 저장하는 해마, 운동을 제어하는 기저핵 등으로 구성되는데 이 중에서 편도체는 감정의 수용과 이해, 통제 및 표현과 관계가 깊다.

인간의 근원적인 정서는 편도체에서 시작되는데 편도체가 손상되면 공포와 분노 및 슬픔과 같은 감정을 인식하지 못하게 된다. 편도체는 특히 '공포'라는 감정에 중요한 역할을 하기 때문에 편도체의 기능이 이상해지면 여러 정서 장애가 발생한다. 자극을 받은 편도체는 방어기제를 작동시켜 불안과 두려움 같은 부정적인 감정이 발생하며 이는 과잉방어 또는 공격적인 행동을 유발시킨다. 또한 감정의 뇌인 변연계를 조절함으로써 감정을 통제하고 제어하는 기능은 신피질(대뇌피질)에서 이루어지는데 사고, 창조력 등의 고차원적인 기능을 통합하는 동시에 감정을 의식적으로 조절한다.

신피질(대뇌피질)은 인간이 느끼는 감정이나 생각을 직접적으로 표현하는 것을 조절하고 감정을 상황에 맞게 변화시키는 역할을 한다. 이때문에 인간은 본능이나 충동에만 집착하지 않고 사회적인 역할과 도덕적 태도를 수행해 나가게 된다. 신피질은 변연계를 둘러싸고 있는데 감정의 뇌인 변연계와 인지의 뇌인 신피질은 서로 상호 협조하면서 두뇌활동을 조절한다. 인간의 뇌는 백억 개 이상의 신경세포를 갖고 있으며 신경세포는 수십만 개의 시냅스를 갖고 있다. 뇌는 의식과 무의식 속에 거의 모든 장면을 저장하는데 의식 세계에 그려지는 그림을 '이미지'라고 한다. 시각정보는 그림처럼 기억되며 향기를 맡고, 맛을 느끼고, 촉감을 느끼는 것을 기억할 때는 주변의 장면과 함께 떠오른다. 그러므로 모든 감각은 이미지로 기억되고 이미지로 회상된다. 기억되는 모든 이미지는 하나의 장면으로 처리되는데 이처럼 장면으로 처리하는 것이 정보량을 줄이고 저장하고 꺼내기에 뇌가 훨씬 편리하기 때문이다.

뇌는 시각과 함께 바깥 세계의 움직이는 것을 장면으로 처리해 기억한다. 따라서 장면을 1초에 16개 이상 연속적으로 보여주면 뇌는 그것이 움직인다고 착각하는 것이다. 파노라마처럼 회상되는 기억도 뇌 속에서 기억된 장면들을 연속으로 흘려보내는 것이다. 시각뿐 아니라 청각·후각·미각·촉각도 장면의 이미지로 처리된다. 이미지로 기억된 장면을 떠올릴 때 뇌에 필요한 것이 바로 바로 소리이다. 소리를 통해 뇌에 저장된 전체 장면을 검색하고, 배열하고, 정리하는 것이다. 오직 소리와 동시에, 소리와 함께 저장된 정보만 소리로 불러 올 수 있다. 따라서 저자는 뇌가 소리를 통해 저장된 이미지가 불러 오는 점에 착안하여 오디오북 텍스트를 형상화시키기 위한 공감각적 음성의 필요성을 깨닫고 뇌를 활성화 시켜서 오디오북 텍스트를 형상화 하는데 도움이 되는 공감각적 보이스 액팅 훈련을 연구하였다. 이러한 훈련을 통해 낭독에 최적화된 음성으로 감정과 함께 적용하는 것을 감정 낭독이라 정의하였고 감정 안에 공감각을 포함하는 개념을 감정의 7단계 순환체계와 더불어 감정 낭독 삼각 모형도를 제안하였다.

감정낭독

공감각적 보이스 액팅 감정 7단계 순환체계와 더불어 뇌와의 관계를 통해 오디오북 낭독자는 감정(感情) 낭독(朗讀) 과정을 이해할 수 있다.

〈감정 낭독 삼각 모형도〉

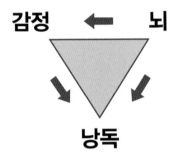

〈감정 낭독 삼각 모형도〉를 토대로 감정 낭독(感情朗讀)과정은 텍스트를 접하는 순간 동시에 느껴지는 복합적 감정(공감각을 포함한 개념) 작용으로 감정 낭독의 과정을 설명하면 다음과 같다.

〈감정 낭독〉

① 낭독자의 감정을 뇌에서 인식하기

② 낭독자의 감정을 인지하고 동화되기

③ 동화된 감정을 충동적으로 반응하기

④ 반응된 감정을 표출하기
⑤ 표출되는 감정을 극대화하기
⑥ 감정을 내재하여 절제하기
⑦ 감정 치유하기

03
뇌파측정

1929년 독일의 신경정신과 의사인 Hans Berger는 최초로 인간의 자발적 뇌전기 활동을 기록하였고, 이것을 뇌전도(Electroencepha-logram: EEG)라고 명명하였다. 베르거는 인간과 인간 사이에는 의식이나 감정을 전달할 수 있는 정신적 매개체가 존재한다는 확신을 갖고 있었다. 뇌파측정은 처음에는 신경계 질환이나 뇌의 이상을 진단하는 의학 분야에서 많이 사용되었다. 최근 신경생리학, 심리학, 인간공학과 같은 감성적인 부분을 연구하는 학문에서는 뇌파측정이 필수적이다. 또 뇌파의 동시기록방법(polygraphy)이 병용되고 있는데, 이를 통해 인체의 활동을 종합적으로 분석할 수 있는 기초가 마련되었다고 볼 수 있다.

초기의 뇌파 측정은 피검사자가 안정적인 상태에 있을 때 측정하는 것을 원칙으로 했다. 하지만 1950년대 조지 도슨(GeorgeDawson)에 의해 인간의 세 가지 감각인 시각, 청각, 촉각을 자극했을 때 발생하는 뇌파를 검출하는데 성공하게 된다. 뇌파는 남, 여가 15세 이상이 되면 정상적인 상태에 도달하며 이후 뇌파활동이 완전히 저하되기까지 일정하게 상태를 유지하는 데 오늘날 대표적인 방법이 뇌파측정(EEG : electroencephalogram)이다.

인간의 사고 및 행위는 대뇌(Brain)를 통해 조절되며, 대뇌에서 생기는 특징적인 리듬을 전위차(Potential)라고 한다. 이 전위차의 변동에 의해 행위가 발생하는 데 대뇌피질(cerebral cortex)에서 일어나는 유발전압(ecoked potential), 표면피질반응 및 심부 직접반응에 따라 만들어지는 전기현상 등은 대뇌피질의 표면에 기록된다.

일반적으로 뇌파는 저주파에서 고주파 영역 순으로 주파수의 대역에 따라 델타(δ)파, 세타(θ)파, 알파(α)파, 베타(β)파, 감마(γ)파로 분류된다.

〈**뇌파**(Electroencephalogram, EEG) **분류**〉

주파수 대역	뇌파 명칭	기호	관련 활동
0.2-3.9Hz	델타(Delta)파	δ	깊은 수면 상태 의식 불량 상태
4-7.99Hz	세타(Theta)파	θ	얕은 수면 및 졸음 명상 상태
8-12.99Hz	알파(Alpha)파	α	긴장 이완 안정 상태
13-29.99Hz	베타(Beta)파	β	깨어있을 때, 말할 때 등 모든 의식적 활동 상태
30-50Hz	감마(Gamma)파	γ	고도의 정보처리 과정 초초한 상태

일반적으로 뇌파는 정상적인 상태에서 알파파(α)가 우세한 파장으로 나타난다. 알파파(α)에 대해 말하자면 이는 두뇌의 안정 상태를 반영하는 기본파(8-13Hz)로 인간 행동에 대한 각 반구의 기능 상태를 판정하기 위해 이용된다. 알파파는 각성, 이완과 관련된 생체 리듬의 지표가 될 수 있는데, 만일 이완 상태가 두드러진 상황에서 알파파가 나타난다면 뇌가 편하게 쉬고 있다는 것을 뜻한다. 또한 알파파는 무엇인가 즐거워하거나 집중을 요하는 일을 하고 있을 때 발생하기도 한다. 또한 흥분했을 경우에는 주로 베타파(β)가 우세하고, 휴식이나 이완 상태에 들어가게 되면, 알파파 이외에도 세타파(δ)나 델타파(θ)와 같은 서파(slow wave)가 나타는 것을 관찰할 수 있다.

뇌파의 세기(intensity)는 정신활동과 역관계(reverse)에 놓이는 것으로 알려져 있다. 따라서 세타파는 깊이 내면화되고 조용한 상태의 정신 상태나 육체적 상황과 관련되어서 많이 나타나고, 델타파는 두뇌 기능이 완전히 이완되는 깊은 수면 상태에서 두드러지게 관찰된다.

사람이 흥분하거나 특정 상황에 집중할 때는 대뇌피질 세포가 비동기화 되며, 따라서 베타파가 우세해진다. 베타파는 낮은 진폭과 높은 주파수로 표시되는 빠른 뇌파여서 속파(fast wave)로 불리는데, 이 뇌파는 정신 활동과 밀접한 연관 관계가 있으며 정신집중을 요하는 일들을 한다면 비동기화 혹은 알파파를 억제하는 현상과 동시에 큰 진폭으로 나타나는 것을 확인할 수 있다.

뇌파 측정은 두뇌의 기능 상태를 실시간으로 파악할 수 있는 유용한 신경과학적 연구방법이다. 뇌 표면에서 검출되는 전자파는 그 파형을 분석한 뒤 정량화하여 나타낼 수 있다. 이를 통해 실험대상자가 어떤 자극을 받았을 때 어느 정도의 긴장을 하는지, 또는 어느 정도의 편안함을 느끼는지 등의 심리상태를 파악하게 된다.

뇌파(Brainwave)의 특성을 살펴보면 신경세포의 활동을 통해 발생되는 전기적 변화를 외부에서 측정하는 것을 말하며, 뇌의 기능적 변화를 나타낸다. 이러한 뇌파는 개인차, 연령, 의상상태의 변화와 정신적, 감각적, 신체적 변화에 따라 다르게 나타나는 특징을 가지고 있다.

측정되는 뇌파 데이터는 연속적이며 시간의 흐름에 따라 변화하는 뇌의 변화를 수치 데이터로 도출할 수 있다. 뇌 과학 및 신경과학 분야에서는 이를 Raw 데이터 즉, 가공되지 않은 뇌파 데이터로 언급하며 분석을 위한 데이터 가공을 거쳐 뇌의 변화를 해석한다.

뇌파 측정

이에 따라 공감각적 보이스 액팅 훈련 검증을 위해 한국 뉴로 피드백 연구소에서 뇌의 비주얼 기능을 담당하는 시각영역에 대해 베타파(β)를 측정하고 공감각적 보이스 액팅 12단계 종합 훈련 후 뇌파 측정을 통해 오디오북 텍스트 형상화 유무를 검증하였다. 텍스트는 저자가 직접 낭독한 문장 중에서 공감각적으로 형상화 할 수 있는 문장을 선별하였다.

> 1. 오목이가 말을 마치고 발끝으로 땅바닥을 직직 긋는 발장난을 했다.
>
> 2. 인재는 한 눈을 꿈쩍하고 집게손가락으로 쉬이 자기 입을 막아 보였다.

뇌파는 규칙성이 없는 불규칙적 신호이기 때문에 시간에 따라 그 파형이 변하며 눈의 움직임이나 미세한 근육의 변화 등 요인에 따라 잡음이 포함될 수 있어 뇌파 측정 실험 전 10분 정도 명상을 실시하였다.

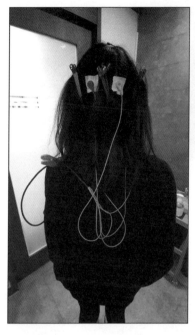

바로 서서 발바닥의 중력을 인식하며 발바닥의 중심을 오른쪽, 왼쪽, 앞, 뒤로 이동하며 신체를 인식한 후 발바닥 중심을 바닥에 골고루 분포시켜 몸의 균형을 맞춘다. 손을 가슴 위에 대고 자신의 호흡을 인식한다. 들어오는 호흡의 양과 질감 등을 세밀하게 느끼며 호흡을 깊이 들어오게 하고 내, 외부로 인식된 자신의 호흡을 천천히 내보내며 허밍한다.

이후 뇌파 측정기를 부착하고 위의 문장을 낭독하였다. 다음 바로 서서 보이스 액팅 신체인식 훈련을 하였고, 이어 문장을 행동으로 움직이는 공감각적 보이스 액팅 형상화 3단계 훈련을 실시하였다.

〈공감각적 보이스 형상화 3 단계 훈련〉

오목이가 말을 마치고 발끝으로 땅바닥을 직직 긋는 발장난을 했다.

인재는 한 눈을 꿈쩍하고 집게손가락으로 쉬이 자기 입을 막아 보였다.

3) 베타(Beta)파 분석

뇌의 비주얼 기능을 담당하는 시각영역에 대해 베타파(β) 측정을 실시하였다.

베타파(β)는 13-29.99Hz 주파수를 보이는 불규칙한 파형으로 대뇌피질의 활성과 관련되며 불안하거나 긴장할 때와 외부 환경에 주의집중 시 베타파(β)의 활성이 강하게 나타난다. 뇌 신경에 따른 행동 특성을 보면 베타파는 소리 내어 책을 읽을 때와 화면의 그림을 볼 때 그리고 언어적 설명을 듣거나 말할 때 활성화되는데 총 2회 베타(Beta)를 측정하여 뇌에서 의미를 해석하는 영역인 좌측 뇌와, 형태와 모양을 인지하는 우측 뇌의 스펙트럼 밀도를 비교하였다. 뇌파 측정 결과 우측뇌의 스펙트럼의 밀도가 세밀하게 분포되어 나타났다. 또한 뇌의 비주얼 기능을 담당하는 시각영역에 대해 보이스 액팅 훈련 전과 후를 비교분석한 결과 좌, 우측 뇌의 베타파 수치가 모두 증가하여 오디오북 텍스트 형상화 과정에 유의미한 결과가 도출되었다.

〈좌측 뇌 스펙트럼〉　　　〈우측 뇌 스펙트럼〉

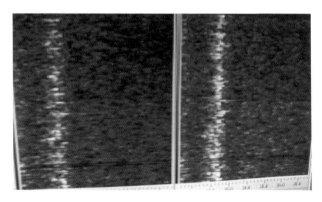

　아래의 베타파 분석에서 보듯이 보이스 액팅 훈련 전 의미를 파악하데 영향을 미치는 좌측뇌의 베타파 수치는 8.80에서 보이스 액팅 훈련 후에는 9.83으로 증가하였고 감성, 형태, 모양, 이미지 등에 영향을 미치는 우측뇌는 보이스 액팅 훈련 전 9.34 베타파 수치에서 11.78로 증가하였다.

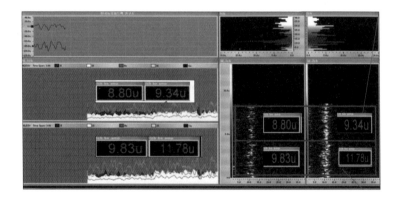

〈베타(Beta)파 수치 변화 〉

즉 보이스 액팅 훈련 전 후 뇌파 분석에서 좌측뇌 베타파는 8.80에서 9.83으로 증가하였고 우측뇌 베타파는 9.34에서 11.78로 그 수치가 증가하였다. 뇌 자극 전후 활성화 정도를 나타내는 베타파 수치 측정 결과 좌, 우 뇌의 형상화 수치가 모두 증가하였으며 오디오북 텍스트 형상화 과정에 유의미한 결과를 도출하였다. 이 결과는 공감각적 보이스 액팅 훈련을 통해서 오디오북 텍스트 형상화를 검증한 것으로 뇌파 베타파 측정을 통해 오디오북 텍스트 형상화에 대한 공감각적 보이스 액팅(Voice Acting) 12단계 종합 훈련의 형상화 검증을 하였다.

보이는 목소리 즉 공감각적 음성으로 텍스트를 읽는 순간마다 진실한 감정 창조를 함에 있어 예술적 창조를 가능하게 하는 영감(insperation)을 불러일으키는 음성의 결정요인을 알아보기 위해 베타파를 측정하여 하나의 음성이 동시에 다른 영역의 감성과 감각에 영향을 주는 보이스 액팅 훈련의 텍스트 형상화 방안을 검증하였다.

7장

공감각적 보이스 액팅

훈련 발전 방향

저자는 지난 29년간 성우로 활동하면서 음성에 대한 폭넓은 실무과 경험 및 이론을 바탕으로 디지털 콘텐츠로 자리매김한 오디오북의 텍스트 형상화를 위한 낭독자의 음성 훈련에 관해 연구하였다. 오디오북은 시대의 변화와 함께 새로운 독서방식인 청서(廳書)로 발전하며 시(時)공간을 초월한 문화 콘텐츠로 자리매김하고 있다. 새로운 독서 패러다임을 구축해 나가고 있는 오디오북은 미래 진행형 청각 매체로서 다양한 분야에서 제작되고 있으며 팟 캐스트, 유튜브 등을 통한 1인 크리에이터 방송 등으로 그 영역이 확대되고 있다.

오디오북에서 낭독자의 역할은 매우 중요한데 청자(廳者)에게 오디오북 텍스트의 전체적 상황과 배경, 등장인물의 성격, 감정, 내용과 의미 등을 입체적으로 전달하며 다양한 상상을 제공하기 때문이다. 이러한 맥락에서 본 저서는 오디오북 텍스트 형상화에 대한 이해를 바탕으로 형상화 요인인 낭독자의 공감각적 음성과 청자(廳者)의 수용성 그리고 낭독자의 서술 시점을 살펴보았다.

오디오북 텍스트가 형상화되는 과정에서 음성은 감각기관을 통해 이미지로 기억되는 과정을 거치게 되는데 이는 추상적인 소리를 초월하여 인간 내부의 물리적 움직임이 소리의 형태로 구현되는 것이다. 이러한 과정에서 과거 이미지가 상상력에 의해 다른 이미지로 전환되거나 하나의 생각이 다른 생각들과의 접촉을 통해 새로운 의미를 창출한다.

따라서 오디오북 텍스트 형상화는 텍스트를 읽는 순간마다 동적(動的)인 장면과 이미지, 영감(靈感) 등을 불러일으켜 공감각적 보이스를 만드는 과정이며 낭독자의 입체적인 음성은 청자(廳者)에게 텍스트를 형상화 시켜 오디오북에 대한 공감과 만족을 준다. 여기서 공감각적 보이스란 인간의 오감(五感)과 그 이상의 감정을 형상화 시키는 음성을 의미한다. 낭독자의 공감각적 보이스는 호흡, 발성, 공명, 발음 등과 유기적으로 연관되어 있으며 효과적인 공감각적 보이스 창출을 위해서는 신체 근육의 움직임을 비롯한 음성 기관의 체계적인 훈련이 필요하다. 이를 위해 AHP(Analytic Hierarchy Process) 우선순위 분석과 모집단의 실질적인 훈련을 통해 공감각적 보이스 액팅 기본 훈련으로 영감인지(靈感認知), 공감각적 음성화, 감정표현, 유사언어 활용 훈련을 구성하였다. 이 훈련을 적용하여 질적 훈련 사례 분석을 통해 공감각적 보이스 액팅 12단계 종합 훈련 방안을 제안하였다. 또한 공감각적 보이스 액팅 훈련 검증을 위해 프랏(Praat) 음성 프로그램 분석과 보이스 액팅 훈련 전후의 뇌파(Electroencephalogram, EEG)검증을 실시하여 공감각적 보이스 액팅 훈련 방안에 대한 적합성을 검증하였다.

뇌파 검증 전후 활성화 정도를 나타내는 베타파 수치 측정 결과 좌, 우 뇌의 형상화 수치가 모두 증가하였으며 오디오북 텍스트 형상화 과정에 유의미한 결과가 도출되었다. 이 결과는 공감각적 보이스 액팅 훈련을 통해서 오디오북 텍스트가 형상화 됨을 증명한 것으로 '보이는 목소리' 즉 공감각적 음성으로 텍스트를 읽는 순간마다 하나의 음성이 동시에 다른 영역의 감각을 불러일으키는 공감각적 보이스 액팅 훈련에 대한 효율성을 증명하였다.

01
공감각적 보이스 액팅
훈련 결과

　낭독자의 음성은 오디오북 텍스트를 동적(動的)으로 형상화시키는데 가장 중요한 요소이므로 청자에게 입체적으로 전달되는 낭독자의 음성을 '공감각적 보이스'로 정의하고 공감각적 보이스 액팅 구성요소를 바탕으로 공감각적 보이스 액팅 훈련을 체계화했으며 나아가 공감각적 보이스 액팅 12단계 종합 훈련을 제시하였다. 이 책에서 논의한 공감각적 보이스 액팅 훈련 결과는 다음과 같다.

　첫째, 훈련을 통해 오디오북 텍스트 형상화의 개념과 요인들을 살펴보면서 공감각적 보이스의 필요성을 인식하였다. 오디오북 텍스트 형상화는 음성의 공감각화를 통해 구현되며 이러한 공감각적 보이스는 오감(五感)을 입체화한 소리로 오디오북의 텍스트를 실감나게 형상화 시키는 '보이는 목소리'라고 할 수 있다. 즉 오디오북 형상화 과정에서 낭독자가 청자(廳者)에게 오디오북이 갖고 있는 본래의 의미를 잘 전달하고자 한다면 시각의 청각화, 청각의 시각화 등 하나의 감각이 동시에 다른 영역의 감각을 불러일으키는 공감각적인 보이스가 필요하다. 따라서 본 저서를 통해 낭독자의 공감각적 보이스에 대한 이해를 넓히고 오디오북 형상화의 개념을 통해 공감각적 보이스를 구사할 줄 알아야 하며 이는 오디오북 형상화에 가장 필수적인 요소라는 결과를 얻었다.

둘째, 정적(靜的)인 텍스트를 동적(動的) 이미지로 형상화 시키는 구체적인 훈련 방법을 제안하였다. 이에 따라 공감각적 보이스 구성 요인을 바탕으로 영감인지(靈感認知)를 통해 심신(心身)의 균형을 맞추고 공감각적 음성화, 감정표현, 유사언어의 활용 훈련과 함께 조화를 이루어 전체적인 공감각적 보이스 액팅 기본 훈련을 구성하였다. 이는 낭독자가 낭독에 최적화된 공감각적 음성을 창출하는 훈련으로서 오디오북의 정적(靜的)인 텍스트를 동적(動的)음성으로 형상화시키는데 결정적인 역할을 한다는 결과를 얻었다.

셋째, 음색, 톤, 포즈, 속도, 억양, 강세 6가지 유사언어는 낭독자의 전달력, 청자의 수용성 등에 영향을 미치며 오디오북 텍스트 형상화를 위한 필수 요소로서 낭독자가 일정한 음색을 유지할 수 있는 안정음색(安定音色) 훈련, 낭독자 음성에서 다양하고 편안한 톤을 찾는 톤의 조화(調和) 훈련, 자연스럽게 중요한 곳에 강조가 되며 공감각적 음성을 통해서 내재적 의미를 시각화 하는 자유억양(自由抑

揚) 훈련과 말의 의미가 올바르고 자연스럽게 흐르도록 훈련하는 다변(多變)포즈 훈련 및 함축적 의미를 잘 표현하며 말의 빠르기를 자유롭게 구사할 수 있는 조절속도(調節速度) 훈련, 단어나 음절의 강조에 따라 의미가 달라지는 유변강세(柔變强勢) 훈련을 통해 음성을 형상화하는데 도움이 되었다.

또한 유사언어의 활용은 오디오북 텍스트 형상화 과정에서 텍스트가 갖고 있는 의미를 입체적으로 전달함과 동시에 다양한 감정을 표현하는 역할을 한다. 따라서 텍스트의 내용과 상황을 고려하여 유사언어를 적절하게 활용한다면 청자에게 오디오북에 대한 만족도와 공감을 주게 되어 완성도 높은 오디오북 제작에 도움을 줄 것이다.

넷째, 공감각적 보이스의 가시적 검증을 위해 프랏(Praat)을 이용해 음성 그래프를 시각화 시킴으로써 유사언어 훈련 활용이 공각각적 음성 형상화 검증 과정에 토대가 됨을 확인하였다. 또한 오디오북 형상화를 검증하기 위해 뇌파분석을 실시하여 보이스 액팅 훈련 전, 후 뇌의 비주얼 기능을 담당하는 시각영역에 대해 뇌파 측정을 실시하였다. 뇌 자극 활성화 정도를 나타내는 베타파 수치 측정 결과 좌, 우 뇌의 형상화 수치가 모두 증가하였음이 입증되었다. 이 결과는 오디오북 낭독자의 공감각적 보이스에 대한 형상화를 검증한 것이다.

다섯째, 공감각적 보이스 액팅 기본 훈련은 AHP(Analytic Hierarchy

Process) 우선순위 분석과 모집단의 실질적인 훈련을 통해 도출되었고 이와 더불어 질적 훈련 사례를 더하여 공감각적 보이스 액팅 12단계 종합 훈련을 완성하였다. 이를 통해 낭독자가 오디오북 텍스트 형상화를 위해 핵심적이고 체계적인 훈련을 익힐 수 있도록 하였다.

02
공감각적 보이스 액팅
12단계 종합 훈련의 의미

본 저서를 통해 공감각적 보이스 액팅 12단계 종합 훈련 의 차별성과 훈련의 적합성은 다음과 같다.

첫째, 공감각적 보이스 액팅 12단계 종합 훈련은 오디오북 텍스트 형상화를 위한 훈련 방안이다. 이 과정에서 공감각적 보이스의 개념과 공감각적 보이스 구성요인을 살펴보았고 정적인 텍스트를 동적(動的)으로 형상화시키기 위해서 낭독자의 음성 훈련이 매우 중요함을 깨달았다.

또한 오디오북 텍스트가 갖고 있는 내용과 상황 등을 음성 이미지로 형상화시키는 과정에서 모든 장면들을 구체화 시킬 수 있는 공감각적인 보이스는 필수 요소이다.

둘째, 공감각적 보이스 액팅 12단계 종합 훈련에서 낭독자가 가장 중시해야 하는 훈련은 유사언어 활용 훈련이다. 유사언어의 활용은 공감각적 보이스 액팅 기본 훈련 과정에서 절대적인 영향을 주어 오디오북 낭독에 큰 영향을 미친다. 이러한 유사언어의 활용 훈련은 단시간에 이루어지는 것이 아니므로 낭독자는 각 유사언어의 의미와 개념을 파악하여 단계별로 훈련해야 한다.

셋째, 공감각적 보이스 액팅 12단계 종합 훈련은 뇌 베타파 수치 비교 검증 결과 오디오북 텍스트 형상화에 효과가 있음을 증명하였다. 오디오북 텍스트 형상화를 검증하기 위해 뇌파 분석을 실시하여 보이스 액팅 훈련 활용 전, 후 뇌의 비주얼 기능을 담당하는 시각영역에 대해 뇌파 측정을 실시하였다. 뇌 자극 활성화 정도를 나타내는 베타파 측정 결과 좌, 우 뇌의 형상화 수치가 모두 증가하였음이 입증되었다.

연구결과 공감각적 보이스 액팅 기본 훈련 전, 후 뇌파 분석에서 좌뇌 베타파는 8.80에서 9.83으로 증가하였고 우뇌 베타파는 9.34에서 11.78로 그 수치가 증가하였다. 좌측 뇌는 개념과 의미를 파악하고 우측 뇌는 형태, 모양, 이미지 등에 영향을 미치는데 이 결과는 오디오북 낭독자의 공감각적 음성이 형상화됨을 검증한 것이다.

결론적으로 낭독자를 위한 공감각적 보이스 액팅 12단계 종합 훈련은 음성과 신체 동작을 결합한 입체적 방법으로 최종 목표인 오디오북 텍스트 형상화를 위해 신체 기관 및 동작을 결부하여 이를 단계별로 체계화시킨 효과적인 훈련 방안이다. 본 저서를 통해 전문음성인과 일반인 모두에게 오디오북을 형상화 시키는데 필요한 음성 훈련 방안이 되길 희망한다.

참고문헌

■ 학위논문

강대건, "배우의 화술능력 향상을 위한 표준어 화법 연구", 국민대학교 일반대학원, 석사학위논문, 2016.

강민호, "Lee strasberg's method 훈련의 실제에 관한 연구 : 연극 장군 슈퍼 공연을 중심으로", 중앙대학교 대학원, 석사학위논문, 2013.

강연우, "발달장애 청소년들의 자기표현 향상을 위한 교육연극 프로그램 개발 및 효과 연구", 세종대학교 석사학위논문, 2017.

강욱규, "연기호흡의 인식과 활용을 통한 정서의 표현훈련", 성균관대학교, 석사학위논문, 2019.

권만우, "메시지 자극과 뇌파반응의 관계연구 : EEG 측정을 통한 실험연구", 고려대학교 대학원, 박사학위논문, 2006,

김석, "배우의 진실된 연기를 위한 발성훈련의 중요성 연구 : 발성훈련의 발달과정 고찰 및 미래 지향적 관점에서", 한양대학교 대학원 박사학위논문, 2012.

김선영, "배우의 쉰목소리 개선을 위한 성대 오용 습관의 교정사례 연구 : 성대접촉률 조절 훈련을 중심으로" 한국예술종합학교, 석사학위논문, 2017.

김세원, "시각과 청각적 자극이 공간인지에 미치는 감성변화 연구 : VR

을 통한 EEG측정을 기반으로", 연세대학교 대학원, 석사학위논문, 2019.

김세진, "메타포적 표현을 통한 현대인의 존재성 연구 : 연구자의 작품을 중심으로", 전남대학교 박사학위논문, 2019.

김영래, "루돌프 슈타이너의 인지학을 수용한 미하일 체홉의 연기방법론 연구", 한양대학교 일반대학원, 박사학위논문, 2016.

김용철, "공감각의 형성요인에 관한 연구", 홍익대학교 대학원, 박사학위 논문, 2006.

김재영, "소설의 서술 시점과 아이러니의 상관관계 고찰", 중앙대학교 대학원, 박사학위논문, 2013.

김정숙, "국선도 호흡명상이 여자중학생의 자아존중감, 스트레스, 정서에 미치는 영향", 대전대학교 대학원, 박사학위논문, 2017.

김지련, "문화적 차이에 따른 음성언어 기반의 공감각적 시각화 비교연구 : 한국인과 일본인 20대를 중심으로", 홍익대학교 대학원 석사학위논문, 2014.

김진영, "연극에 내재하는 치유적 원리에 관한 연구 : 연극 미학과 신경과학의 접점을 중심으로", 한양대학교 대학원, 박사학위논문, 2016.

김철홍, "무대화술을 위한 전 단계 훈련방법연구", 중앙대학교 대학원, 석사학위논문, 2004.

김평원, "포먼트(formant) 및 〈표준발음법〉을 통한 국어 발음 교육연구", 서울대학교 대학원, 석사학위논문, 2004.

김혁건, "횡격막 마비군과 비마비군을 통한 복식호흡과 발성법 연구", 경희대학교 일반대학원, 박사학위논문, 2019.

박경희, "뉴스 전달속도가 수용자 인식에 미치는 영향에 관한 실험연구", 성균관대학교 대학원, 박사학위논문, 2004.

박란희, "목소리 구성요소의 커뮤니케이션 효과에 관한 연구", 계명대학교 대학원, 박사학위논문, 2009.

박란희, "비언어커뮤니케이션의 설득효과에 관한 연구", 건국대학교 대학원, 박사학위논문, 2014.

박명신, "배우의 발성훈련을 위한 발성의 인체 해부 생리학적 원리 연구", 한국예술종합학교, 석사학위논문, 2003.

박익수, "대중화된 건강수행법의 특성에 관한 연구 : 국선도와 단학, 요가를 중심으로", 명지대학교 산업대학원, 석사학위논문, 2014.

박지우, "매체별 연기표현 방법 차이에 관한 연구", 순천향대학교 대학원, 석사학위논문, 2016.

박현심, 알렉산더 테크닉을 활용한 효과적인 배우의 신체훈련 지도법에 관한 연구, 중앙대학교 예술대학원, 석사학위논문, 2010.

배지예, "스타니슬라브스키 시스템 : 배역의 성격구축을 위한 화술훈련 방법 연구", 중앙대학교 대학원, 석사학위논문, 2016.

백형남, "한일 양 언어 음성에 대한 모어 낭독자와 학습자의 이미지 고찰 : 음성 교육 방법 개발을 위한 기초 연구", 건국대학교 석사학위논문, 2003.

성선녀, "유사언어가 공신력 평가에 미치는 영향에 대한 연구 – 성우의 음성언어 표현을 중심으로" 광운대학교 대학원, 박사학위논문, 2008.

신소현, "배우의 역할 구축에 있어서 행동 동사(Actable Verb) 사용에 관한 연구", 중앙대학교 대학원, 석사학위논문, 2015.

신중한, "Delphi 기법을 활용한 골프산업 전문인력 육성방안", 경희대학교 대학원, 박사학위논문, 2011.

신지은, "케이트 헤브너 '감정 형용사'의 연기훈련 적용에 관한 연구 : 음악과 감정표현의 상관관계를 중심으로", 단국대학교 대학원, 석사학위논문, 2016.

양은진, "현실 치료의 선택이론 단어자극이 인터넷중독 청소년의 뇌파활

성도 및 사건유발전위에 미치는 영향", 경성대학교 대학원, 박사학위논문, 2012.

엄상현, "매체별 화술특성과 그 환경 및 조건에 관한 연구", 중앙대학교 석사학위논문, 2015.

오상미, "애니메이션 더빙 학습이 초등 영어 학습자의 읽기 능력 및 정의적 영역에 미치는 영향", 경인교육 대학교 석사학위논문, 2017.

이명숙, "退溪의 養生思想과 修行 方法論 硏究", 명지대학교 교육대학원, 석사학위논문, 2005.

이상림 , "성대 진동 원리에 따른 자음과 모음의 발성 비교 연구", 경희대학교 아트퓨전디자인대학원, 석사학위논문, 2019.

이상용, "음성학적 임상실험을 통한 효율적 발성훈련 방법 연구", 동국대학교 대학원, 석사학위논문, 2017

이선율, "극예술에서 배우의 감정과 표현에 관한 의미 체계연구 : 카타칼리와 압사사를 중심으로", 단국대학교 대학원, 박사학위논문, 2018.

이승원, "배우 현존을 위한 전 단계 훈련에서의 연기수행과정까지의 적용방법 연구 – 필립 자릴리의 '전 공연(pre-performance) 단계' 훈련과 〈물의 정거장〉 공연에의 적용과정을 중심으로", 한국종합예술원, 2019.

이승주, "무대 연기를 위한 효과적인 연기 훈련에 대한 연구, 바른 호흡법에 대한 이해 중심으로", 서강대학교 언론대학원, 석사학위논문, 2003.

이은경, "성대결절 아동의 음성장애 정도에 따른 호흡양상에 관한 연구", 연세대학교 대학원, 석사학위논문, 2002.

이은정, "디지털 콘텐츠로서 오디오북 서비스에 대한 수용자의 이용행태 연구", 서강대학교 석사학위논문, 2007.

이푸른솔, "경도 지적장애 중학생의 감정 표현 행동을 위한 보이스 액팅(Voice Acting) 수업 연구", 단국대학교 특수교육대학원, 석사학위논문,

2018.

이현경, "비언어 전달행위가 커뮤니케이터 공신력 평가에 미치는 영향", 광운대학교 대학원, 박사학위논문, 2007.

임영화, "성우의 비언어 커뮤니케이션으로서의 유사언어 활용에 관한연구-라디오 드라마 연기를 중심으로", 중앙대학교 예술대학원, 석사학위논문, 2013.

전유순, "e-book 이용실태 및 활성화 방안에 관한 연구", 단국대학교 석사학위논문, 2006.

전지헌, "국선도 장기수련자의 경험에 관한 연구", 능인대학원대학교, 석사학위논문, 2019.

정래필, "기억 재형상화 원리 중심의 소설읽기 연구", 서울대학교 대학원, 박사학위논문, 2013.

정진호, "공감각적 표현 활용에 관한 연구-사례를 중심으로", 동아대학교 박사학위논문, 2015.

정현선, "한글자음과 색채연상에 관한 연구", 홍익대학교 대학원, 박사학위논문, 2010.

조순호, "비주얼 메타포의 수용자 설득 효과에 관한 연구 : 2000년~2009년 국내외 영상, 지면 공익광고를 중심으로", 중앙대학교 대학원, 박사학위논문, 2011.

조예신, "효과적인 커뮤니케이션을 위한 스피치 향상 방안 연구 – 목소리 구성요소인 유사언어를 중심으로", 중앙대학교 예술대학원, 석사학위논문, 2016.

차정민, "한글 발성훈련을 이용한 복합인지 재활프로그램이 인지장애 노인의 인지기능,폐기능, 자세에 미치는 효과", 차의과학대학교 대학원, 박사학위논문, 2020.

최은정, "훈민정음 창제원리에 나타난 음양오행사상을 형상화한 실험적 한글 서체 개발", 이화여자대학교 대학원, 석사학위논문, 2010.

최종호, "우리나라 e-book(전자책) 전망에 대한 연구 : 국내 10개 e-book 서비스 업체를 중심으로", 성균관대학교 석사학위논문, 2001.

최찬호, "후두음성언어의학의 기초 이론을 활용한 보컬리스트의 음성트레이닝 프로그램 개발 연구", 세종대학교 대학원, 박사학위논문, 2017.

최철, "발성기법에 관한 연구 : 호흡을 중심으로", 조선대학교 대학원 석사학위논문, 2001.

한정순, "이미지 형상화를 통한 시 지도 방법 연구", 한국교원대학교 석사학위논문, 2007.

■ 학술지

김명주, 나은영, "방송 연설 후보자의 비언어적 커뮤니케이션이 고저관여 시청자에게 미치는 영향", 한국방송학보, 19, 2005.

김부찬, "퇴계(退溪) 이황(李滉)의 활인심방(活人心方)에 나타난 심신수양론", 유학연구 45, 2018.

김서경, 김채연, "한국인 색-자소 공감각자의 공감각 경험에 대한 현상적 기술 및 실험적 입증, 한국심리학회지", 21(4), 2009.

김성곤, 김종무, "대학도서관의 오디오북 서비스만족도 연구", Design Convergence Study, 46(13), 2014.

김영래, "미하일 체홉의 영감의 연기에 관한 연구: 인지학의 인간의 본질에 대한 고찰을 중심으로", 한국엔터테인먼트산업학회논문지 12.7, 2018.

김현희, "템포와 리듬을 통한 배우훈련", 한국극예술연구, 42, 2013.

나진환, "텍스트를 시각화하는 방식들-핀터의《재에서 재로》와 모파상의 《오를라》를 중심으로", 한국연극교육학회, 33, 2018.

문보영, "텍스타일 디자인에 나타난 공감각적 표현연구", 기초조형학연구 16(4), 2015.

민현식, "국어화법과 담화전략 : 교수화법론, 화법연구", 7. 2004.

박미리, "연극치료의 감정 인식 사례 연구", 문학치료연구 25, 2012.

박선영, "인간의 긍정적인 심리 변화과정에서 동작을 통한 감정표현의 하부 구조인 감정 표출의 의미에 대한 고찰-융의 적극적 상상의 관점에서", 예술교육연구, 16.4, 2018.

박선영, "인간의 긍정적인 심리 변화과정에서 동작을 통한 감정표현의 하부 구조인 감정 표출의 의미에 대한 고찰-융의 적극적 상상의 관점에서", 예술교육연구, 16.4, 2018.

박지연, 성철재, "성인 포먼트 측정에서의 최적 세팅 구현 : Praat software 와 관련하여", 말소리와 음성과학, 11(4), 2019.

백훈기, "텍스트성을 활용한 대본 분석." 한국엔터테인먼트산업학회논문지 11(3), 2017.

성철재, "충남지역 대학생들의 한국어 단모음 포먼트 분석", 언어학, 43, 2005.

손봉희, "동시대 연기자 교육에 있어 '배우훈련'이 지향해야 할 의미 : 배우의 '준비된 상태'(a State of Readiness)", 한국엔터테인먼트산업학회논문지 10(6), 2016.

송주병, "성대 구조의 이해 및 발성 시 차지하는 호흡과 공명의 중요성에 관한 연구", 음악연구, 45, 2010.

심귀보, "음성으로부터 감정인식요소 분석", 퍼지 및 지능시스템학회 논문지. 11(6), 2001.

엄옥란, "샌포드 마이즈너(Sanford Meisner)의 연기훈련에 있어 주어진 상황의 인식 방법에 관한 연구", 연기예술연구, 11, 2018.

영화더빙, 영화 및 방송 더빙: 트랜스어뎁테이션(transadaptation)에서 천상의 목소리까지, 한국통번역학회, 9(1), 2007.

이상설, 강희정, "전문가 평가척도 향상을 위한 계층적 의사결정에 관한 연구", 생산성논집, 18(1), 1997.

정숙경, "인터넷을 통한 오디오북 강의 사례 연구", 멀티미디어 언어교육, 10(1), 2007.

정은이, 정의철, "비언어적 커뮤니케이션의 의미와 효과 연구 : 홈쇼핑 진행자의 비언어적 커뮤니케이션 분석", 스피치와 커뮤니케이션, 26, 2015.

정재원, 김문덕, 〈디지털 감각을 통해 본 현대 공간디자인의 경향〉, 디자인학연구, 21(3), 2008.

정준수, 신해을, 임진섭, 양동현, 손윤식, "텍스트 감정분석과 음성합성을 이용한 오디오북 서비스", 한국정보과학회 학술발표논문집, 2019.

조동욱·김봉욱·이세환, "감정인식을 위한 음성신호비교분석", 한국정보철학회 춘계학술발표회, 2006.

조예신, "유사언어 활용 훈련이 오디오북 텍스트 형상화에 미치는 영향 연구-교수자의 우호적 행동을 매개변수로", 한국엔터테인먼트산업학회 논문지, 14.2, 2020.

조예신, 최재오, "오디오북 텍스트 형상화를 위한 공감각적 음성 훈련 연구-유사언어를 활용하여", 한국엔터테인먼트산업학회논문지, 13.8, 2019.

조일주, "로봇과 인간", 8(4), 2011.

주종태, 문병현, 서상욱, 장인훈, 심귀보, "음성신호와 얼굴표정을 이용한 감정인식 표현 기법", 한국지능시스템학회 발표논문, 17(1), 2007.

지한구, "오디오북과 소설의 관련 양상 분석을 통한 오디오북 텍스트 수용 방향", 경북대학교 중등교육연구 65.4, 2017.

최미진, "한국 라디오서사의 갈래 연구", 한국문학이론과 비평, 40, 2008.

최정근, "샌포드 마이즈너(Sanford Meisner)의 감정연기론 연구", 한국드라마학회 정기학술대회 발표자료집, 2019.

최정근, "극 중 상황 속 연기자의 감정에 관한 연구-샌포드 마이즈너의 연기론을 중심으로", 드라마연구 59, 2019.

한국콘텐츠진흥원, "전자출판산업의 현황과 전망", 한국콘텐츠진흥원, 10-2, 2010.

■ 단행본

강경천 외 3명, 고등학교 기초연기 화술, 서울 : 동행, 2014.

김중미, 괭이부리말 아이들, 경기도 : 창비, 2019.

김철홍, 배우를 위한 화술과 연기, 서울 : 연극과 인간, 2007.

나카무라 유지로, 양일모, 고동호 역, 공통 감각론, 서울 : 민음사, 2003.

남도현, 최홍식, 호흡과 발성, 서울 : 군자출판, 2007.

다이안 애커만, 임혜련 역, 열린 감각, 1995.

대한후두음성언어의학회, 후두음성언어의학, 범문에듀케이션, 2016.

레슬리 그린버그 외 저, 이홍표 역, 심리치료에서 정서를 어떻게 다룰 것인가, 서울: 학지사, 2008.

로이스 타이슨, 윤동구 역, 비평 이론의 모든 것, 서울 : 엘피, 2012.

루돌프 슈타이너, 양억관, 타카하시 이와오 역, 신지학 : 초감각적 세계의 인식과 인간 본질에 대한 고찰, 물병자리, 2011.

루돌프 슈타이너, 최혜경 역, 인간에 대한 보편적인 앎, 밝은 누리, 2007. 재인용 김영래, "미하일 체홉의 영감의 연기에 관한 연구 : 인지학의 인간의 본질에 대한 고찰을 중심으로", 한국엔터테인먼트산업학회논문지, 12.7, 2018.

마셜 맥루언, 김성기, 이한우 역, 미디어의 이해, 민음사, 2002.

문영일, 올바른 발성과 공명, 서울 : 청우, 1984.

문영일, 호흡과 발성, 서울 : 청우, 1989.

브라이언 베이츠, 윤광진, 배우의 길, 서울 : 예니, 1997.

스타니슬라브스키, 김균형 역, 역할창조, 서울 : 소명출판사, 2002.

스타니슬라브스키, 신겸수 역, 배우수업, 예니, 2001.

시실리 베리, 이상욱 역, 배우와 목소리, 서울 : 도서출판 동인, 2012.

시어도르 다이먼, 김혜실 역, 신체와 목소리, 예솔 2014.

앨리스 로버츠, 박경한, 권기호, 김명남 역, 인체 완전판 : 몸의 모든 것을 담은 인체 대백과사전, 사이언스북스, 2판, 2017.

양병곤, 프랏(Praat)를 이용한 음성분석의 이론과 실제, 서울 : 만수출판사, 2010.

예지그로토프스키, 고승길 역, 가난한 연극, 서울 : 교보문고, 1987.

우상전, 화술로 배우는 연기, 서울 : 연극과 인간, 2006.

윤중수, 뇌파학, 의학교육, 2015.

이강임 외, 몸과 마음의 연기, 서울 : 연극과 인간, 2015.

이동수, 소통정치와 미디어, 아세아 연구, 52(4), 2009.

이성근, 윤민석, AHP 기법을 이용한 마케팅 의사결정, 서울 : 석정, 1994.

이진숙, 김희선, 오디오북과 낭독, 커뮤니케이션북스, 2015.

임일환, 감성의 철학, 서울 : 민음사, 1996.

임마누엘 칸트, 백종현 역, 실용적 관점에서의 인간학, 서울 : 아카넷, 2014.

임성우, 수사적 표현법에 나타난 강조현상, 독일어문학, 29집, 2005.

조근태, 조용곤, 강현수, (앞서가는 리더들의) 계층분석적 의사결정, 서울 : 동현, 2003.

조셉오코너, 설기문 역, NLP 입문, 학지사, 2010.

척존스, 김숙경, 배우를 위한 음성 훈련, 서울 : 예니, 2000.

최종근, 뇌 속에 꽉 꽂히는 소리단어 보카팟, 서울 : 북스힐, 2011.

프로이트 저, 최석진 역, 정신분석입문, 돈을 새김, 2009.

■ 해외 문헌

Andrew Crisell, Understanding Radio, london and New york : routledge, 1994.

Antes, A., "Kinesics : The value of gesture in language and in the language classroom," Foreign Language Annals, 21(3), 1996.

Argyle, M., Bodily Communication, NY : International Univ, 1988.

Berko, R. M., Wolvin, A. D., & Wolvin, D. R., Communicating : A Social and career focus(5th, ed.), Boston : Houghton Miffili, 1981.

Brooks, K. W., "Delphi Technique : Expanding Applications", North Central Association Quarterly, 53(3), 1979, pp. 285-377 ; Cyphert, F. R., & Gant, W. L., "The delphi technique : A case study", Phi Delta Kappan, 52(5), 1971.

Ludwig, B., "Predicting the future : Have you considered using the Delphi met hodology", Journal of extension, 35(5), 1997.

Brown, Terrance, Reductionism and the development of knowledge, L. Erlba um, 2003.

Casagrande, G., A Synaesthetic Approach to Purgatorio X, Lectura Dantis Newberryana, Vol. II, Evanston : Northwestern University Press, 1990.

Chafale, D., & Pimpalkar, A, "Review on developing corpora for sentiment analysis using plutchik's wheel of emotions with fuzzy logic." International Journal of Computer Sciences and Engineering (IJCSE) 2(10), 2014.

Chuck Jones, Make your voice heard, Back stage books, 2005.

Cytowic, Richard E., M.D, Synesthesia : A Union of the Senses, 2nd ed. Massachusetts Institute of Technology 2002.

Dasgupta, Poorna, Detection and analysis of human emotions through voice and speech pattern processing, International Journal of Computer Trends and Technology, 52 No.1, 2017.

David Throsby, Economics and Culture, Cambridge University Press, 2001.

Defleur, M. L., Theories of mass communication, New York : David McKay, 1970.

E.H. 곰브리치 & 차미례 역, 예술과 환영, 서울 : 열화당, 1992.

Eco, Umberto, Lector in fabula. München : Wien, 1987.

Fisher, S. Development and structure of the body image. Hillsdale, New Jersey : Lawrence Erlbaum Associates, 1986.

Fry, D. B, The physics of speech, Cambridge : Cambridge University Press, 1982.

G. Lakoff & M. Johnson, Metaphors We live by, Chicago : University of Chicago Press, 1980.

Gobl, Christer, Chasaide Ailbhe, "The role of voice quality in communicating emotion, mood, and attitude, speech communication", 40, 2003.

Goldhaber, Gerald M, Organizational Communication, Dubuque, IA : W.C. Brown Publishers.

Hammaberg B, Voice research and clinical needs, Folia Phoniatr. 52, 2000.

Holbrook, M. B. & Batra, R. "Assessing the Role of Emotions as medit ators of consumer reponses to advertising," Journal of Consumer Research 14 (Sep), 1987.

Hsu, C. C., & Sandford, B. A., "The Delphi technique : making sense of conse nsus", Practical assessment, research & evaluation, 12(10), 2007.

J. A. Harrigen, "The new handbook of methods innonverbal behavior research", Series in AffectiveScience, Oxford University Press, 2005.

J. A. Russell, "A circumplex model of affect"Journal of Personality and Social Psychology", 39(6), 1980.

J. B. Cohen, and C. S. Areni, Affect and consumer behavior, In T. S. Robertson & H. H. Kassarjian (Eds.), Handbook of Consumer Behavior Englewood Cliffs, NJ : Prentice-Hall. 1991.

J. H. Choi, Interaction for Synesthesia Appreciation of Literary Text, Design Convergence Study 24, 2010.

J. W. Jung, and M. D. Kim, The Trend of Contemporary Spatial Design through Digital Sense, Design Research 77, 21(3), 2008.

Johannes Schwitalla, Gesprochenes Deutsch, Berlin, 2003.

K.R, Emotion, Introduction to Social Psychology : A European perspective, Oxford : Blackwell, 2000.

Karayalcin, I.I., The analytic hierarchy process : Planning, priority setting, resource allocation-Thomas L, SATTY, McGraw-Hill, New York, 9(1), 1980.

Kent, R. D., & Read, C, The acoustic analysis of speech (2nd ed.). New York : Thomson Learning, 2002.

Koyama, N., Effectiveness of TV drama/film-dubbing in an oral intensive class. In M. Hood(Ed), Proceedings of the 2008 applied linguistics colloquium, 2009.

Leathers, Dale G, Successful Nonverbal Communication : principles and applications, Boston : Allyn and Bacon, 1986.

Love, Roger, and Donna Frazier. Set Your Voice Free : How to get the singing or speaking voice you want, Hachette UK, 2016.

M. Chastaing, La brillance des voyelles, Arichivum Linguisticum, 1962.

McLuhan, Marshall & Quentin Fiore, The Medium Is the Massage, New York: Random House. 1967.

McLuhan, The Gutenberg Galaxy : The Making of Typographic Man, Toronto : University of Toronto Press, 1962.

McLuhan, Understanding Media : The Extensions of Man. New York : McGraw Hill, 1964.

Murray, E, The speech communication. The integration of the speaker : The grosser speech skill textbook and guidance manualofindividualand- classprojects. Chicago : Lippincott, 1944.

Peter Goldie, "Emotions, Feelings and Intentionality," Phenomenology and the Cognitive Sciences 1.3, 2002.

Postman, Neil, Das Verschwinden der Kindheit. Frankfurt : a,M, 1983.

Professor Lynn C. Robertson, Ognitive and Neural Bases of Synesthesia, University of California, Berkeley, USA, 2003.

R. E. Cytowic, Synesthesia : A Union of the Senses. 2nd ed, Massachu- setts Institute of Technology, 2002.

Ramachandran & Hubbard, Hearing colors, tasting shapes. Scientific American, 2003.

Ramachandran V. S., Hubbard E. M., a Psychophysical investigations into th e neural basis of synaesthesia, Pro c. R. Soc. Lond. B 268, 2001.

Ramachandran, The Emerging Mind, BBC/Profile Books, London,

Rich, A. N., Bradshaw, J. L., Mattingley, J. B. A systematic, large scale study of synaesthesia : Implications for the role of early experience in lexical- color associations, Cognition, 98(1), 2005.

Richard Brennan, The Alexander Technique : A practical introduction, 1998 ; 김성택, "알렉산더 테크닉과 배우의 신체훈련방법에 관한 연구", 예술논총, 2002.

Roman Jakobson, "Linguistik und Poetik", Strukturalismus in der Literatur wis senschaft, 1972.

Rowe, G., & Wright, G., "The Delphi technique as a forecasting tool : issues and analysis", International journal of forecasting, 15(4), 1999.

Sander, D, 김린 역, 감정의 힘, 남양주 : 눈출판그룹, 2016. 재인용 : 김진영, "연극에 내재하는 치유적 원리에 관한 연구 : 연극 미학과 신경과학의 접점을 중심으로", 한양대학교 대학원, 박사학위논문, 2016.

Sanders, K. p. & Pritchett, M., "Some influences of appearance on TV newsc aster appeal," Journal of Broadcasting, 15, 1971.

Schmitz, Ulrich, Neue Medien und Gegenwartssprache. Lagebericht und Prob lemskizze. In: ders.(Hg.) : Neue Medien. Oldenburg, 1994.

Schmitz-Emans, Monika, Schrift und Abwesenheit. Historische Paradigmen zueiner Poetik der Entzifferung und des Schreibens. München, 1995.

Strauss, H. J., & Zeigler, L. H., "The Delphi Technique and Its Uses In Social Science Research", The Journal of Creative Behavior, 9(4), 1975.

Stricker. G., and Hillman, J. L., "Attitudes toward older adults: The perceived value of grandparent as a social role", Journal of Adult Development, 3(2), 1996.

Styan, J. L., 장혜전 역, 연극의 경험, 서울 : 소명출판, 2002.

Turoff, M., & Hiltz, S. R., "Computer based Delphi processes. Gazing into the oracle", The Delphi method and its application to social policy and public health, 1997.

V. S. Ramachandran and E. M. Hubbard, Hearing colors, tasting shapes. Scientific american, 288(5), 2003.

Weiss, E.N.& Rao, V.R., "AHP design issues for large-scale systems", Decision Science, 18(1), 1987.

Witthoft, N. and J. Winawer, "Synesthetic colors determined by having colored refrigerator magnets in childhood", Cortex, 42(2), 2006.

Yang, "A comparative study of American English and Korean vowels produced by male and female speakers", Journal of Phonetics 24, 1996.

오디오북과 보이스 액팅

초판 1쇄 발행 2021년 6월 30일 **초판 2쇄 발행** 2021년 9월 1일

지은이 조예신
펴낸곳 글라이더
펴낸이 박정화
등록 2012년 3월 28일(제2012-000066호)
주소 경기도 고양시 덕양구 화중로 130번길 14(아성프라자 6층)
전화 070)4685-5799 **팩스** 0303)0949-5799 **전자우편** gliderbooks@hanmail.net
블로그 http://gliderbook.blog.me
ISBN 979-11-7041-081-2 93680

책값은 뒤표지에 있습니다.
잘못된 책은 바꾸어 드립니다.

글라이더는 독자 여러분의 참신한 아이디어와 원고를 설레는 마음으로 기다리고 있습니다.
gliderbooks@hanmail.net 으로 기획의도와 개요를 보내 주세요. 꿈은 이루어집니다.